스퀴시로 즐기는 띠부띠부 종이놀이 도안집 3탄
소워니놀이터의 말랑말랑 스퀴시

초판 33쇄 발행	2025년 08월 05일
초 판 발 행	2022년 06월 20일
발 행 인	박영일
책 임 편 집	이해욱
저　　　자	조윤성
편 집 진 행	황규빈
표 지 디 자 인	김도연
편 집 디 자 인	김지현
발 행 처	시대인
공 급 처	(주)시대고시기획
출 판 등 록	제 10-1521호
주　　　소	서울시 마포구 큰우물로 75 [도화동 538 성지 B/D] 9F
전　　　화	1600-3600
홈 페 이 지	www.sdedu.co.kr
I S B N	979-11-383-2328-4[13630]
정　　　가	20,000원

※이 책은 저작권법에 의해 보호를 받는 저작물이므로, 동영상 제작 및 무단전재와 복제, 상업적 이용을 금합니다.
※이 책의 전부 또는 일부 내용을 이용하려면 반드시 저작권자와 (주)시대고시기획·시대인의 동의를 받아야 합니다.
※잘못된 책은 구입하신 서점에서 바꾸어 드립니다.

시대인은 종합교육그룹 (주)시대고시기획·시대교육의 단행본 브랜드입니다.

prologue

안녕하세요. 소워니놀이터의 소워니, 시워니 엄마입니다.
첫 책을 낸 지 1년도 채 되지 않아서 이렇게 세 번째 책, 스퀴시 도안집으로 인사를 드리게 되었네요. 소워니놀이터 시리즈 1탄 〈띠부띠부 가게놀이〉와 2탄 〈띠부띠부 직업놀이〉를 사랑해주신 덕분에 이렇게 3탄을 낼 수 있었어요. 여러분들의 꾸준한 응원과 관심 정말 감사드립니다.

소워니놀이터 시리즈 3탄은 코팅한 도안 사이에 솜을 넣어 말랑말랑 폭신폭신한 촉감을 느낄 수 있도록 만든 스퀴시 종이놀이예요. 실생활에서 사용할 수 있는 다양한 테마는 물론 역할 놀이가 가능한 도안까지 다양하게 준비했답니다.

〈소워니놀이터의 말랑말랑 스퀴시〉는 이전 시리즈에 비해 아주 큰 특징이 있는데요.
첫 번째로 '촉감놀이'가 가능해요.
도안과 도안 사이에 솜을 넣었기 때문에 말랑말랑한 촉감을 느끼며 놀이를 할 수 있는데, 이 과정에서 아이들이 스트레스를 해소할 수 있어요. 단적인 예로 팝잇이나 슬라임 등을 생각하면 돼요. 하지만 완성품을 사서 노는 것보다 직접 만들어서 가지고 노는 것이 더 좋겠죠?
그다음은 아이들의 '두뇌 발달'에도 효과가 있어요.
촉감놀이를 하면서 손을 계속 움직이기 때문에 소근육이 발달하고, 평면인 도안을 입체로 조립하는 과정에서 아이들이 끊임없이 머릿속으로 완성작을 생각해야 하므로 공간지각능력을 키울 수 있어요.
마지막으로 '집중력'을 높일 수 있어요.
이번 스퀴시 도안집은 이전 시리즈와 비교해 투명 박스테이프 코팅이 많아서 서두르다 보면 실수할 확률이 높아요. 실수를 하게 되면 되돌릴 수 없는 경우가 많으므로 투명 박스테이프로 코팅을 할 때는 천천히 차분하게 만드는 게 중요해요. 아이가 차분하게 코팅할 수 있도록 엄마가 옆에서 지도해주면 아이의 집중력이 높아짐은 물론 성취감 역시 배울 수 있어요.

〈소워니놀이터의 말랑말랑 스퀴시〉는 테이프 하나로 모두 조립이 가능하기 때문에 아이들도 쉽게 따라 만들 수 있어요. 또한 소워니놀이터의 특징인 띠부띠부 형식도 추가했으니 스퀴시를 떼었다 붙였다 하면서 재미있게 놀이를 즐겨보세요.
스퀴시의 말랑말랑한 촉감으로 힐링하는 시간을 보내시길 바랄게요.

소워니놀이터_조윤성

 c o n t e n t s

프롤로그

PART 1
말랑말랑 스퀴시 준비하기

01. 도구&재료 소개 및 사용법 /8
+ 도안 코팅하기 : 투명 박스테이프, 손코팅지, 코팅기계(+ 코팅지)
+ 도안 오리기 : 가위, 칼, 커팅매트
+ 스퀴시 만들기 : 솜 or 휴지, 얇은 투명테이프(+ 물레방아 커터기)
+ 도안 떼었다 붙였다 하기 : 풀테이프 or 투명 양면테이프, 종이 양면테이프
+ 추가 도구 : 펀칭기, 카드링

02. 도안 만들기 기호 /17
+ 도안 코팅 기호
+ 도안 조립 기호

03. 스퀴시 친구들 소개 /19
+ 소워니, 시워니
+ 햄찌, 토깽이
+ 토토, 소시지
+ 몽실, 냥냥

PART 2
말랑말랑 스퀴시 튜토리얼

귀음 열쇠고리 9종 세트
/26

숲속 친구들 장식품
/30

여보세요, 토깽이 핸드폰
/ 34

열공모드! 냥냥이 필통
/ 38

부자 되는 몽실이 지갑
/ 42

뿜뿜! 토토 게임기
/ 48

냠냠, 정성 가득 도시락
/ 52

소워니, 시워니의 달콤한 베리
/ 56

아기자기 인형 가게
/ 62

토토의 헬로마트
/ 68

PART 3
말랑말랑 스퀴시 도안 / 77

PART 1

말랑말랑 스퀴시
준비하기

말랑말랑 스퀴시를 만들기 전에 미리 알아두면 좋은 내용을 소개해요. 필요한 도구와 재료에는 어떤 것이 있고, 어떻게 사용해야 하는지 친절하게 알려드릴게요. 중간에 여러분이 궁금해할 만한 부분을 Q&A로 적어두었으니까 잊지 말고 꼭 읽어보세요. 어려운 부분은 없으니 가볍게 읽으면서 방법을 익혀요.

도구&재료 소개 및 사용법

말랑말랑 스퀴시를 만들 때 사용하는 도구와 재료를 알아봐요. 주변에서 쉽게 구할 수 있고, 그만큼 자주 사용하는 도구와 재료지만 한 번 더 꼼꼼하게 확인해 보세요!

🍅 도안 코팅하기

투명 박스테이프, 손코팅지, 코팅기계(+ 코팅지)

말랑말랑 스퀴시를 만들 때 가장 먼저 해야 하는 것은 도안을 코팅하는 일이에요. 도안을 코팅해야 스퀴시가 쉽게 망가지지 않아 오랫동안 가지고 놀 수 있거든요. 기존의 띠부띠부와는 달리 스퀴시는 두 가지 코팅법을 사용해야 하는데, 투명 박스테이프를 활용한 단면 코팅과 코팅지를 활용한 양면 코팅이에요(물론 모든 도안을 투명 박스테이프로 코팅해도 좋아요). 어떤 코팅 방법을 사용하는지는 각 도안의 오른쪽에 인덱스 형식으로 표시해두었으니 반드시 확인하면서 코팅하세요.

1. 투명 박스테이프

투명 박스테이프는 일반 코팅지보다 얇아서 말랑말랑한 느낌을 훨씬 잘 표현할 수 있어요. 크기가 작은 스퀴시 도안이나 접거나 구부려야 하는 도안은 반드시 투명 박스테이프로 코팅해 주세요. 너비가 넓은 투명 박스테이프를 도안 위에 붙이고 손이나 천으로 슥슥 문지르면 되는데, 투명 박스테이프 코팅은 공기 방울이 쉽게 생기기 때문에 천천히 문질러가며 붙이는 것이 좋아요. 물티슈로 테이프 옆면에 붙은 먼지를 닦아낸 다음 붙이면 훨씬 깔끔하게 코팅할 수 있답니다.

+ 장점 : 코팅 재료 중에 가장 쉽게 구할 수 있어요.
− 단점 : 면적이 넓은 도안 전체를 투명 박스테이프로 모두 코팅하려면 손이 많이 가기도 하고, 실수할 확률도 아주 높아요. 한번 잘못 붙이면 떼었다 다시 붙이기 어려우니 처음부터 천천히 조심하면서 붙여야 해요.

2. 손코팅지

이름 그대로 손으로 코팅할 수 있는 재료예요. 손코팅지는 한쪽 면에는 접착력이 있고 다른 한쪽 면은 비닐로 되어있어 한쪽 면만 코팅할 수 있어요. 코팅지의 비닐을 떼어내고 접착력이 있는 면에 도안의 앞면을 붙인 다음 손이나 천으로 슥슥 문지르면 완성이랍니다. 스퀴시 도안은 한쪽 면만 코팅하고, 떼었다 붙였다 하는 띠부띠부 도안은 양면 코팅을 해주세요.
+ 장점 : 면적이 넓은 스퀴시 도안을 한 번에 깔끔하게 코팅할 수 있어요.
- 단점 : 띠부띠부 도안의 경우 열을 가해서 완벽하게 밀착시킨 것이 아니기 때문에 놀이를 하다 보면 종이와 코팅지가 분리될 수 있어요.

쉽게 따라 해요. 소워니 skill

• **투명 박스테이프로 도안 코팅하기**

<단면 코팅> 투명 박스테이프를 필요한 만큼 잘라 도안 위에 올리고 한 손으로는 테이프를 잡고, 다른 한 손으로는 슥슥 문지르면서 공기 방울이 생기지 않게 붙여요. 그림의 크기가 커서 한 번에 코팅할 수 없다면 머릿속으로 그림을 나누고 투명 박스테이프를 조금씩 겹치면서 붙여요.

<양면 코팅> 단면 코팅한 도안을 뒤집어 똑같은 방법으로 투명 박스테이프를 붙여요.

tip. 투명 박스테이프로 코팅을 할 때는 공기 방울이 생기거나 테이프가 울지 않도록 주의해야 해요. 만약 공기 방울이 생겼다면 칼로 살짝 구멍을 내서 공기를 빼주면 되고, 테이프가 운다면 해당 부분을 손톱으로 꾹꾹 눌러 우는 곳이 최대한 안 보이도록 해주세요. 무리하게 테이프를 떼려고 하다 보면 도안이 망가질 수 있으니 조심하세요.

• **손코팅지로 도안 코팅하기**

<단면 코팅> 손코팅지의 비닐을 제거한 뒤, 끈끈한 접착면 위에 도안의 앞면을 올리고 손으로 슥슥 문질러 공기 방울이 생기지 않게 붙여요.

<양면 코팅> 손코팅지의 비닐을 제거한 뒤, 끈끈한 접착면 위에 도안의 앞면을 올리고 손으로 슥슥 문질러 붙여요. 그 다음 손코팅지를 하나 더 꺼내 마찬가지로 비닐을 제거한 뒤, 도안의 뒷면에 올려 슥슥 문질러 붙여요.

tip. 손코팅지로 양면 코팅을 할 때는 앞면과 뒷면에 붙이는 코팅지가 도안의 사방에서 서로 맞닿도록 붙여요. 먼저 윗부분을 맞추고 손으로 문지르면서 공기 방울이 생기지 않도록 주의하며 붙여요.

3. 코팅기계(+코팅지)

코팅기계는 양면 코팅만이 가능하기 때문에 스퀴시 도안을 코팅하기에는 적합하지 않아요. 굳이 사용하고 싶다면 도안 중 양면을 다 사용하는 띠부띠부 도안에만 사용해요. 도안을 코팅지 사이에 끼우고 예열된 기계에 넣어 통과시키면, 코팅기계가 코팅지에 열을 가해 앞뒤로 붙여주어 쉽고 깔끔하게 코팅할 수 있어요.

+ 장점 : 띠부띠부 도안을 코팅기계로 코팅하면 훨씬 튼튼해요.
− 단점 : 단면만 코팅해야 하는 스퀴시 도안의 경우에는 사용할 수 없어요.

궁금한 건 못 참아! 시워니 Q&A

Q. 코팅은 꼭 해야 하나요?
A. 도안이 종이기 때문에 코팅을 하지 않으면 금방 구겨지고 찢어져서 오래 가지고 놀 수가 없어요. 과정이 조금 번거롭지만, 코팅을 해야 물이 묻어도 크게 변색이 없고 튼튼하게 오랫동안 가지고 놀 수 있어요.

Q. 모든 도안을 양면으로 코팅하면 안 되나요? 더 튼튼할 것 같은데요.
A. 스퀴시 도안의 경우 앞면만 코팅하고, 솜을 넣을 뒷면은 코팅하지 않아요. 양면을 전부 코팅하면 너무 두꺼워져서 말랑말랑한 촉감을 제대로 느낄 수 없거든요. 또한 안 보이는 부분까지 공들여 코팅할 필요는 없어요. 대신 떼었다 붙였다 하는 띠부띠부 도안은 양면으로 꼼꼼하게 코팅해 주세요.

Q. 떼었다 붙였다 하는 띠부띠부 도안의 코팅지가 자꾸 벗겨지는데 어떡하죠?
A. 코팅지가 벗겨지는 이유는 뒷면에 붙인 양면테이프의 접착력 때문이에요. 양면테이프의 크기가 크거나 접착력이 강하면 코팅지가 쉽게 벗겨져요. 회색 상자의 크기에 맞게 양면테이프를 작게 붙이고, 손등이나 책상에 톡톡톡 떼었다 붙였다 하면서 접착력을 떨어뜨린 다음에 놀이하면 괜찮을 거예요. 또 놀이 전에 도안을 약간 구부리면 떼기도 수월하고 코팅지가 벗겨지는 것도 방지할 수 있어요.

🍎 도안 오리기

가위, 칼, 커팅매트

도안을 오릴 때 사용하는 도구들이에요. 가위나 칼 중 편한 도구를 사용하면 돼요. 저는 곡선이 있거나 크기가 작은 소품은 가위로 오리고, 직선이 있거나 크기가 큰 소품, 가운데를 뚫어야 하는 소품의 경우에는 칼로 오렸어요. 칼을 사용할 때는 바닥에 커팅매트를 깔아두세요. 커팅매트를 깔아두면 도안이 움직이지 않아 훨씬 수월하게 오릴 수 있고, 책상에 흠집도 나지 않아요. 가위와 칼을 사용할 때는 손을 다치지 않게 조심하세요.

쉽게 따라 해요. 소워니 skill

• 선 따라 테두리 오리기

도안의 테두리에는 검은색 선과 하얀색 선이 있는데, 검은색 선을 따라서 오리기 힘들다면 하얀색 선을 따라 오리세요. 검은색 선을 따라서 오리면 테두리를 깔끔하게 표현할 수 있지만 자칫하면 도안을 자르는 실수를 할 수 있어요. 하얀색 선은 검은색 선보다 바깥쪽에 위치해 여백이 있기 때문에 가위로 오리다가 실수를 해도 도안에는 영향이 없어요.

• 가운데 오리기

입체감을 주기 위해 가운데를 뚫어야 하는 소품들이 있어요. 주변은 그대로 두고 가운데만 오려내야 하는데 오려야 하는 도안 가운데에 '가위(✂)' 표시가 있으니 확인하면서 오려요. 가위를 사용할 때는 도안을 살짝 접어 '가위(✂)' 표시에 구멍을 만들고 그 구멍 안쪽으로 가위를 넣어 테두리를 따라서 오리면 되고, 칼을 사용할 때는 커팅매트 위에 도안을 두고 힘주어 오려내면 돼요.

🍅 스퀴시 만들기

솜 or 휴지, 얇은 투명테이프(+ 물레방아 커터기)

스퀴시 만들기의 핵심은 바로 '말랑말랑'이에요. 말랑말랑한 스퀴시를 만지고 있으면 잡생각이 사라지면서 뭔가 마음이 편안해지는 걸 느낄 수 있어요. 이런 말랑말랑함을 만들어주는 재료는 바로 솜과 휴지예요. 스퀴시 도안 사이에 솜이나 휴지를 넣고 테이프로 붙이면 아주 쉽고 간단하게 말랑말랑한 스퀴시를 만들 수 있어요. 각자 상황에 맞는 준비물로 만들어보세요.

1. 솜
구름 솜, 인형 솜, 베개 솜 등 솜이라면 어떤 걸 사용해도 좋아요. 구름 솜을 구매하거나 집에 있는 인형이나 베개 안의 솜을 이용하면 돼요. 단, 인형이나 베개 안에 있는 솜은 뭉쳐있는 경우가 많으니 솜을 손으로 찢어서 풀어준 다음에 사용하세요. 그래야 솜 사이사이에 공기가 잘 들어가 더욱 말랑말랑한 스퀴시를 만들 수 있어요.
+ 장점 : 솜은 적당히 잘 부풀어서 말랑말랑한 촉감을 느끼기에 가장 적합해요.
- 단점 : 인형 솜이나 배게 솜을 사용하는 경우, 생각보다 스퀴시 안에 들어가는 솜의 양이 많아서 결국에는 구름 솜을 따로 구매해야 할 수 있어요.

2. 휴지
스퀴시 안에 솜 대신 휴지를 손으로 잘게 찢어서 넣어도 좋아요. 휴지를 찢어 넣으면 휴지 사이사이로 공기가 들어가 말랑말랑한 촉감을 느낄 수 있어요. 하지만 찢는 과정에서 먼지가 날릴 수 있으니 환기가 잘 되는 공간에서 마스크를 쓰고 하는 게 좋아요.
+ 장점 : 가장 쉽게 구할 수 있는 재료예요.
- 단점 : 휴지를 찢는 과정이 번거롭기도 하고, 먼지가 발생할 수 있어요. 또한 솜보다는 말랑말랑한 촉감이 덜해요.

3. 얇은 투명테이프(+ 물레방아 커터기)
스퀴시를 만들거나 완성한 스퀴시를 연결할 때 사용해요. 먼저 **스퀴시를 만들 때**는 도안 두 장을 앞뒤로 겹치고 테두리를 감싸는 느낌으로 테이프를 접으며 붙여요. 도안의 직선 부분은 테이프를 그대로 사용해서 붙이면 되지만, 곡선 부분은 가장자리에 테이프를 반만 붙인 다음 곡선을 따라 가위집을 내고 하나씩 접어가며 붙여야 깔끔하게 붙일 수 있어요. **완성한 스퀴시를 연결할 때**는 도안과 도안 사이에 약간의 틈을 두고 붙이세요. 틈이 있어야 도안을 입체적으로 만들 때 자연스럽게 접을 수 있어요.
얇은 투명테이프를 사용할 때 물레방아 커터기를 사용하면 훨씬 수월해요. 만약 물레방아 커터기가 없다면 테이프를 가위로 잘라 사용해도 되고, 일반 스카치테이프를 사용해도 좋아요.

쉽게 따라 해요. 소워니 skill

• 스퀴시 만들기

① 스퀴시 도안을 안쪽 면('솜'이라고 쓰여있는 부분)끼리 맞닿도록 겹친 다음 테두리를 따라 얇은 투명테이프를 반만 붙여요.

② 직선을 붙일 때는 반만 붙인 얇은 투명테이프를 그대로 접어 붙이고, 곡선을 붙일 때는 얇은 투명테이프에 가위집을 넣고 곡선에 맞게 하나씩 접어가며 붙여요. 솜을 넣을 부분(솜구멍)을 조금만 남긴 채 테두리를 전부 붙여요.

③ 2번 과정에서 남긴 솜구멍에 솜(또는 잘게 찢은 휴지)을 넣어요. 솜구멍이 작아 손가락으로 솜을 넣기 힘들다면 연필이나 젓가락 등 얇고 긴 막대를 이용해 넣어도 좋아요.

tip. 솜은 정해진 양이 없어요. 솜을 적당히 넣은 다음 손으로 눌러보면서 각 스퀴시에 맞는 양을 찾아요.

④ 솜이 바깥으로 튀어나오지 않게 잘 정리한 다음 얇은 투명테이프로 솜구멍을 막으면 완성이에요.

• 스퀴시 연결하기

① 연결할 도안의 위치를 잡아요. 도안이 완성되었을 때의 모습을 생각하면서 위치를 조정하고 도안 사이에 살짝 간격을 띄운 다음 연결 도안과 스퀴시를 얇은 투명테이프로 붙여요.

② 도안을 뒤집어 연결 도안과 스퀴시를 한 번 더 붙여요. 이렇게 앞뒤를 모두 붙이면 훨씬 튼튼하게 연결할 수 있어요.

③ 완성 모양을 생각하며 도안을 접어 입체적으로 잘 만들었는지 확인해요.

궁금한 건 못 참아! 시워니 Q&A

Q. 스퀴시가 터져서 솜이 자꾸 나오는데 어떡하죠?

A. 더 말랑하게 만들려고 스퀴시 안을 솜으로 꽉 채워서 만들면 쉽게 잘 터져요. 오히려 더 딱딱하기도 하고요. 굳이 꽉 채우지 않아도 솜이 안에서 부풀기 때문에 '적당히' 넣는 것이 중요해요. '적당히'라는 말이 굉장히 추상적으로 들리겠지만, 스퀴시마다 들어가는 양이 달라 어느 정도라고 딱 단언하기는 너무 어렵네요. 약간의 노하우를 말씀드리자면 솜을 넣었을 때 솜구멍 바깥으로 자꾸 솜이 튀어나온다면 조금 덜어내는 게 좋아요. 또한 솜구멍을 막기 전에 손으로 눌러보면서 어느 정도가 적당한지 감을 익혀보세요. 솜의 양을 조절해서 넣고 테이프로 잘 마감하면 더 이상 스퀴시가 터지지 않을 거예요.

🍅 도안 떼었다 붙였다 하기

풀테이프 or 투명 양면테이프, 종이 양면테이프

말랑말랑 스퀴시를 더욱 재미있게 가지고 놀 수 있도록 만들어주는 재료예요. 소품 도안 뒷면에 양면테이프를 붙이면 소품을 떼었다 붙였다 하면서 더욱 재미있게 놀 수 있어요.

이때 한 가지 주의해야 할 점이 있는데요. 띠부띠부 도안에는 뒷면에 회색 상자(▢)가 있어서 크기에 맞게 양면테이프를 붙이면 되지만, 스퀴시는 앞뒷면을 전부 다 사용하기 때문에 따로 회색 상자를 표시하지 않았어요. 비록 회색 상자는 없지만 완성한 스퀴시 소품에도 양면테이프를 붙여주세요. 양면테이프는 종류가 아주 다양한데 각각의 특징만 잘 확인한다면 어떤 걸 사용하든 상관없답니다.

1. 풀테이프 or 투명 양면테이프

양면테이프에는 다양한 종류가 있는데 그중 풀테이프와 투명 양면테이프를 자주 사용해요. 풀테이프는 수정테이프를 사용하듯이 한 손으로 눌러서 밀면 원하는 만큼 붙일 수 있어서 편리하고, 투명 양면테이프는 종이를 따로 떼거나 가위를 사용하지 않아도 깔끔하게 잘라서 쓸 수 있어서 편리해요. 두 가지 모두 종이 양면테이프와 비교하면 접착력이 약한 편이지만, 오히려 그런 면이 떼었다 붙였다 하며 놀기에 적합해요.

2. 종이 양면테이프

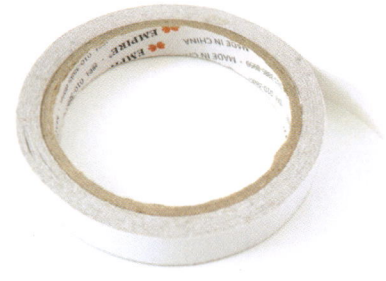

우리가 일반적으로 알고 있는 양면테이프예요. 가위를 사용해 원하는 길이로 잘라 필요한 곳에 붙이고 종이를 제거해서 사용하면 돼요. 접착력이 강하기 때문에 단단히 붙여야 하는 소품(잠금 도안, 계산대 등)에 주로 사용해요. 물론 떼었다 붙였다 하는 소품에 사용해도 되는데, 그럴 때는 양면테이프를 손이나 책상에 떼었다 붙였다를 반복해서 접착력을 살짝 떨어뜨린 다음에 놀이를 시작해요.

궁금한 건 못 참아! 시워니 Q&A

Q. 양면테이프를 안 붙이고 놀아도 되나요?
A. 소품 도안의 크기가 작으므로 양면테이프를 붙이지 않으면 분실 우려가 있어요. 또한 떼었다 붙였다를 해야만 제대로 놀 수 있도록 만들었으니 번거롭더라도 꼭 양면테이프를 붙여주세요.

Q. 종이놀이를 너무 많이 해서 잘 붙지 않을 때는 어떻게 하죠?
A. 떼었다 붙였다를 많이 하면 양면테이프의 접착력이 떨어져서 잘 안 붙을 수 있는데요. 그때는 접착력이 떨어진 양면테이프 위에 새로운 양면테이프를 다시 덧대어서 붙이면 돼요.

🍎 추가 도구

펀칭기, 카드링

〈귀욤 열쇠고리 9종 세트〉를 만들 때 사용하는 도구로 열쇠고리 스퀴시의 완성도를 높여줘요. 하지만 자주 사용하는 도구가 아니기 때문에 없다면 굳이 구매할 필요는 없어요.

1. 펀칭기

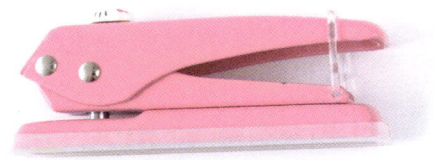

종이에 동그란 구멍을 뚫을 때 사용해요. 쇠로 된 몸체와 펀칭된 종잇조각이 모이는 플라스틱 받침으로 구성되어 있어요. 정해진 위치에 정확하게 구멍을 뚫기 위해서는 몸체를 뒤집어 플라스틱 받침을 제거하고 동그란 구멍을 통해 위치를 잡으면 돼요. 만약 펀칭기가 없다면 칼을 사용해 구멍을 뚫어도 되지만, 이때는 손을 다치지 않게 조심해야 해요.

2. 카드링

여러 장의 메모지를 연결할 때 사용하는 카드링이에요. 쇠로 된 것과 플라스틱으로 된 것이 있는데, 플라스틱으로 된 제품이 가볍기도 하고 색상도 다양해서 사용하기 좋아요. 책에서는 열쇠고리의 '고리' 역할을 해요.

도안 만들기 기호

도안을 코팅하고, 오리고, 조립할 때 사용하는 기호를 소개할게요.
복잡하진 않지만 한번 봐두면 훨씬 수월할 거예요.

🍅 도안 코팅 기호

기호	사용법
투명테이프 / 단면	투명 박스테이프를 사용해 그림이 있는 앞쪽 도안만 코팅해요. 크기가 작은 스퀴시 도안을 코팅하는 방법이에요.
투명테이프 / 양면	투명 박스테이프를 사용해 도안의 양면을 코팅해요. 접거나 구부려야 하는 도안을 코팅하는 방법이에요.
코팅지 / 단면	손코팅지를 사용해 그림이 있는 앞쪽 도안만 코팅해요. 크기가 큰 스퀴시 도안을 코팅하는 방법이에요.
코팅지 / 양면	손코팅지를 사용해 도안의 양면을 코팅해요. 떼었다 붙였다 하는 띠부띠부 도안을 코팅하는 방법이에요.
. . . .	한 장의 도안을 각각 다르게 코팅해야 하는 경우, 도안을 구분하기 위한 점선이에요. 점선 위에 어떤 방법으로 코팅해야 하는지 적어두었으니 반드시 참고하세요.

🍅 도안 조립 기호

기호	이름	사용법
———	실선	테두리의 검은색 실선을 따라 가위나 칼로 오리세요. 가위질이 서툴다면 하얀색 실선을 따라 오려도 좋아요.
----------	점선	선이 바깥으로 보이게 접어요.
- - · - - ·	긴줄점선	선이 안쪽으로 들어가게 접어요.
✂	가위	가위 표시가 있는 부분만 오려내요. 칼을 사용하면 좋아요.
⊕	십자 모양	펀칭기를 사용해서 해당 기호를 뚫어주세요.
(회색 상자)	회색 상자	양면테이프를 붙이세요. ※ 잠금 도안과 같이 열고 닫는 역할을 하는 도안에는 양면테이프 대신 벨크로를 붙여도 돼요. 짝을 맞춘 벨크로를 회색 상자에 붙이고 그대로 닫으면 반대쪽의 알맞은 위치에 벨크로를 붙일 수 있어요.
A / A+	붙임 상자	A 와 A+ 를 서로 마주 보게 붙이세요. 알파벳은 A부터 I까지 있으며 같은 알파벳끼리 붙이면 돼요. 붙임 상자의 경우 배경에 딱 붙어서 고정되어 있어야 하므로 접착력이 강한 종이 양면테이프를 사용하는 게 좋아요. ※ 하나의 도안 안에 붙여야 하는 부분이 많을 때는 알파벳과 함께 숫자도 적어두었어요. 숫자들도 붙임 상자와 마찬가지로 ①과 ①+, ②와 ②+를 마주 보게 붙이면 돼요.
(투명 그림)	투명 그림	그림에 해당하는 소품 도안을 붙이세요. 스퀴시에는 다양한 투명 그림이 있는데 투명 그림의 위치에 해당하는 소품 도안을 붙여 배경을 완성해요.
(솜)	솜	솜을 넣어야 하는 부분이에요. 해당 기호가 맞닿도록 같은 그림의 도안을 겹쳐 테두리를 붙이고 안쪽으로 솜을 넣어요.

스퀴시 친구들 소개

소워니

소워니놀이터의 소워니♡

나이 : 8살
취미 : 역할놀이하기

〈좌우명〉
핑크는 사랑이다!

시워니

소워니의 남동생 시워니♡

나이 : 6살
취미 : 수집하기

〈좌우명〉
어떤 물건이든 쓸모가 있다!

통통한 볼살이 귀여운 햄찌♡

나이 : 4살
취미 : 해바라기씨 모으기

<좌우명>
맛있게 먹으면 0kcal

햄찌

당근을 좋아하는 토끼♡

나이 : 3살
취미 : 당근 농장 가꾸기

<좌우명>
자급자족 최고!

토깽이

벌꿀에 진심인 곰♥

나이 : 4살
취미 : 꿀벌 옷 입기

〈좌우명〉
인생은 달콤해!

토토

소워니놀이터 구독자 애칭, 소워니 시워니 지킴이♥

나이 : 1살
취미 : 소워니놀이터 영상 보기

〈좌우명〉
소워니놀이터는 내가 지킨다!

소시지

솜사탕을 닮은 순수한 강아지♡

나이 : 3살
취미 : 사진 찍기

〈좌우명〉
남는 건 사진이다!

몽실

최고 요리사 고양이♡

나이 : 4살
취미 : 신메뉴 만들기

〈좌우명〉
음식을 남기지 말자!

냥냥

※ 주의하세요!

1. 도안을 자를 때는 가위와 칼을 사용해야 하므로 다치지 않게 조심하세요.
2. 아이들이 작은 종잇조각을 입에 가져가거나 삼키지 않도록 주의를 기울여주세요.
3. 만드는 방법이 헷갈린다면 QR코드를 찍어 영상으로 확인하세요. 지면상 책에 상세하게 수록하지 못한 부분이 있으니 영상으로 확인하면 더욱 완성도 높은 스퀴시를 만들 수 있어요.

※ 이렇게 놀아요!

1. 스퀴시의 말랑말랑한 **촉감에 집중**하세요. 엄마한테 혼났을 때, 친구와 싸웠을 때, 속상한 일이 있을 때, 집중이 안 될 때 등 생각이 많아지고 스트레스를 받을 때 말랑말랑한 스퀴시를 만지면 금방 **기분이 편안해져요**.
2. 스퀴시를 만들면서 머릿속으로 완성 모습을 상상해요. 평면인 도안을 입체적으로 조립하는 과정을 상상하다 보면 **공간지각능력**을 키울 수 있고 **두뇌 발달**에도 아주 좋아요.
3. 종이를 오리고 붙이는 과정은 아이들의 **소근육 발달**에 많은 도움이 돼요. 엄마가 만들어주는 것도 좋지만, 될 수 있으면 아이와 함께 만들거나, 아이가 스스로 만들 수 있도록 응원해주세요. 스퀴시를 아이가 직접 만들면 **만족감과 성취감**도 느낄 수 있어요.

PART 2

말랑말랑 스퀴시 튜토리얼

도안을 활용해 말랑말랑한 스퀴시 만드는 방법을 소개할게요. 만드는 방법은 아주 간단해요. 원하는 도안을 선택하고 - 코팅하고 - (양면테이프를 붙이고) - 오리고 - 겹치고 - 솜을 넣으면 끝! 튜토리얼의 설명만으로 부족하다면 QR코드를 찍어 영상으로 확인하며 만들어보세요.

귀욤 열쇠고리 9종 세트

아기자기한 열쇠고리를 만들어요. 맛있는 음료와 간식, 캐릭터까지 종류도 아주 다양해요.
예쁘게 만들어서 가방이나 소지품에 달아도 좋고, 친구들에게 선물해도 너무 좋아요.
이번 기회에 친구들과 우정의 징표로 열쇠고리를 만들어서 나눠보는 건 어때요?

대롱대롱 매달아서 장식해요.

너 하나, 나 하나 서로 나눠요.

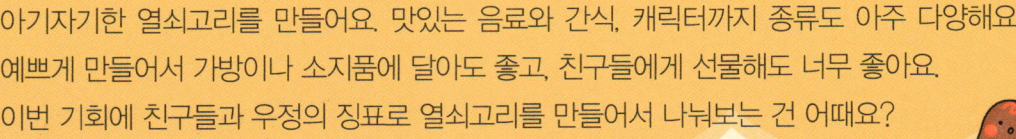

 # HOW TO MAKE

도안 **77~82p**

1.

열쇠고리 도안 오른쪽의 인덱스를 참고해 도안을 코팅하고 가위로 오려서 준비해요.

2.

칼이나 펀칭기를 사용해서 열쇠고리의 구멍을 오려요.

TIP. 작은 구멍을 오려야 하니 칼을 사용할 때는 엄마가 도와주세요. 집에 펀칭기가 있다면 펀칭기를 뒤집어 구멍에 맞춰 오려주세요.

3.

고리 도안 A와 몸통 도안 A+의 위치를 확인한 뒤 얇은 투명테이프로 맞춰 붙여요. 앞면에 고리 도안이 튀어나온 부분에도 투명테이프를 붙여 단단히 고정해요.

4.

고리를 연결한 몸통 도안을 점선에 맞춰 접어요. 바나나 우유와 냥구르트, 캐릭터 도안은 같은 그림 도안의 뒷면 ('솜' 표시가 있는 면)을 맞대어 겹쳐 준비해요.

5.

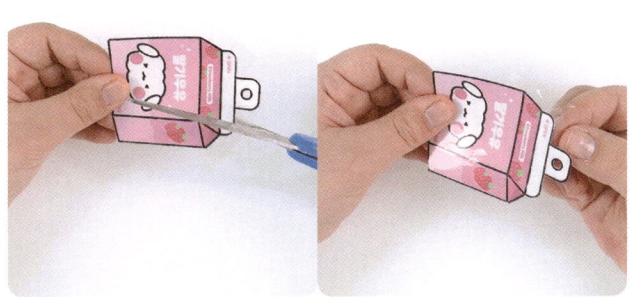

테두리를 따라 얇은 투명테이프를 붙여요. 곡선을 붙일 때는 테이프에 가위집을 넣어 곡선에 맞게 하나씩 접어가며 붙이고, 직선은 한 번에 붙여요. 솜을 넣을 부분(솜구멍)을 조금만 남긴 채 테두리를 전부 붙여요.

6.

5번 과정에서 남긴 솜구멍에 솜(또는 잘게 찢은 휴지)을 넣어요. 솜구멍이 작아 손가락으로 솜을 넣기 힘들다면 연필이나 젓가락 등 얇고 긴 막대를 이용해도 좋아요.

TIP. 솜은 정해진 양이 없어요. 솜을 적당히 넣은 다음 손으로 눌러보면서 스퀴시에 맞는 양을 찾아요. 너무 많이 넣으면 터질 수 있으니 적당히 넣어주세요.

7.

솜이 바깥으로 튀어나오지 않게 잘 정리한 다음 얇은 투명 테이프로 솜구멍을 막아요.

8.

같은 방법으로 남은 열쇠고리 도안을 전부 스퀴시로 만들어요.

9.

열쇠고리와 어울리는 색의 카드링을 준비하고 2번 과정에서 오린 구멍에 걸어요.

10.

모든 열쇠고리에 카드링을 걸면 〈귀욤 열쇠고리 9종 세트〉 스퀴시가 완성돼요! 가방이나 소지품에 걸어 예쁘게 장식해요.

# 숲속 친구들 장식품

냥냥이와 몽실이, 토토와 햄찌가 소풍을 나왔어요. 처음엔 비가 와서 조금 걱정했지만 금방 비가 그치고 무지개가 떴어요. 비가 온 다음이라 더욱 푸릇푸릇한 잔디밭에서 간식도 먹고 그림도 그리며 재미있게 놀아요.

 # HOW TO MAKE

도안 83~94p

1.

숲속 친구들 장식품 도안 오른쪽의 인덱스를 참고해 도안을 코팅하고 가위로 오려서 준비해요.

2.

먼저 동물 친구들 스퀴시를 만들어요. 바닥에 도안을 평면으로 펼쳐 위치를 잡고 얇은 투명테이프를 붙여 연결해요. 이때 도안과 도안 사이에 약간의 간격을 띄고 붙여야 나중에 입체적으로 만들기 수월해요.

TIP. 처음에 도안을 평면으로 펼쳐두고 작업을 하면 붙이기 수월할 뿐만 아니라, 어디에 어떤 도안이 이어지는지 미리 가늠할 수 있어서 실수할 일이 적어요.

3.

평면의 도안을 입체적으로 만들어요. 윗면을 제외한 모든 테두리를 얇은 투명테이프로 붙여 입체감을 살려요.

4.

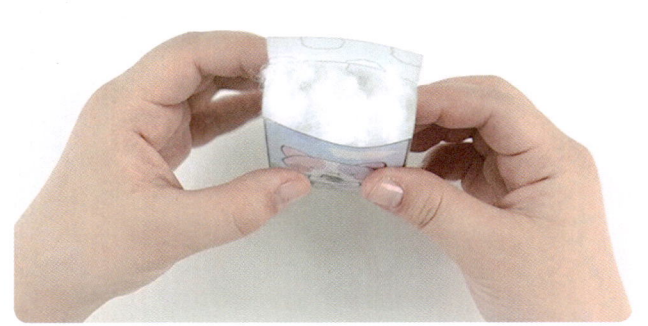

3번 과정에서 붙이지 않은 윗면에 솜(또는 잘게 찢은 휴지)을 넣어요.

TIP. 솜은 정해진 양이 없어요. 솜을 적당히 넣은 다음 손으로 눌러보면서 스퀴시에 맞는 양을 찾아요.

5.

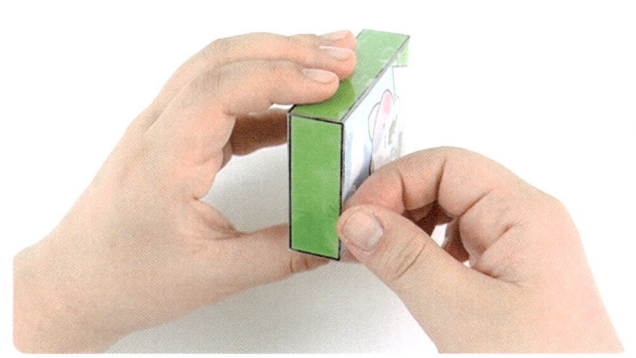

솜이 바깥으로 튀어나오지 않게 잘 정리한 다음 얇은 투명테이프로 세 면을 붙여 윗면을 막아요.

6.

같은 방법으로 나머지 친구들도 입체 스퀴시로 만들어요.

7.

이번에는 배경을 만들어요. 동물 친구들과 마찬가지로 바닥에 도안을 평면으로 펼쳐 위치를 잡고 얇은 투명테이프를 붙여 연결해요.

TIP. 바닥에 도안을 펼칠 때는 완성된 모습을 생각하며 배치해요. 헷갈린다면 사진을 참고하세요.

8.
평면의 도안을 입체적으로 만들어요. 윗면을 제외한 모든 테두리를 얇은 투명테이프로 붙여 입체감을 살려요.

9.
윗면에 솜(또는 잘게 찢은 휴지)을 넣고 솜이 바깥으로 튀어나오지 않게 잘 정리한 다음 얇은 투명테이프로 세 면을 붙여 윗면을 막아요. 같은 방법으로 바닥 도안도 입체 스퀴시로 만들어요.

10.
배경 도안의 A에 종이 양면테이프를 붙이고 바닥 도안의 A+와 위치를 맞춰 붙여요.

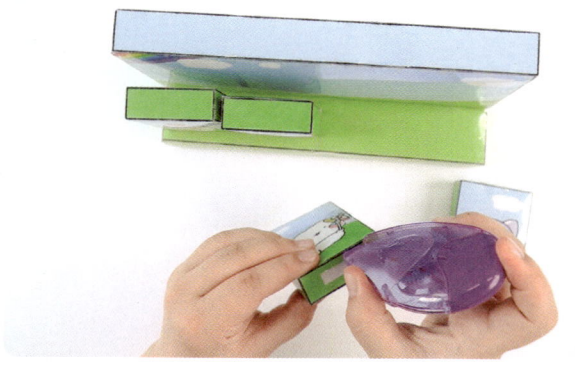

11.
6번 과정에서 완성한 동물 친구들 입체 스퀴시 하단의 회색 상자에 풀테이프를 붙이고, 10번 과정의 바닥 입체 스퀴시에 붙이면 〈숲속 친구들 장식품〉 입체 스퀴시가 완성돼요! 책상이나 침대 머리맡에 올려두고 기분에 따라 위치를 바꾸며 장식해요.

 # 여보세요, 토깽이 핸드폰

짜잔! 저 핸드폰 바꿨어요. 요즘 유행하는 폴더폰인데 핸드폰의 배경은 물론 위젯도 다양하고 꾸미기 스티커도 있어서 내가 원하는 대로 마음껏 꾸밀 수 있어요.
제 새로운 토깽이 핸드폰 구경하실래요?

따르릉~ 여보세요?

HOW TO MAKE

도안 95~102p

1.

핸드폰 도안 오른쪽의 인덱스를 참고해 도안을 코팅하고 가위로 오려서 준비해요. 이때 띠부띠부 도안은 코팅 후 양면테이프를 붙인 다음 오려요.

2.

먼저 핸드폰 본체 스퀴시를 만들어요. 핸드폰을 여닫을 때 그림이 정방향으로 보이도록 바닥에 도안을 평면으로 펼쳐 위치를 잡고 얇은 투명테이프를 붙여 연결해요. 이때 도안과 도안 사이에 약간의 간격을 띄고 붙여야 나중에 입체적으로 만들기 수월해요.

 TIP. 처음에 도안을 평면으로 펼쳐두고 작업을 하면 붙이기 수월할 뿐만 아니라, 어디에 어떤 도안이 이어지는지 미리 가늠할 수 있어서 실수할 일이 적어요.

3.

평면의 도안을 입체적으로 만들어요. 윗면을 제외한 모든 테두리를 얇은 투명테이프로 붙여 입체감을 살려요.

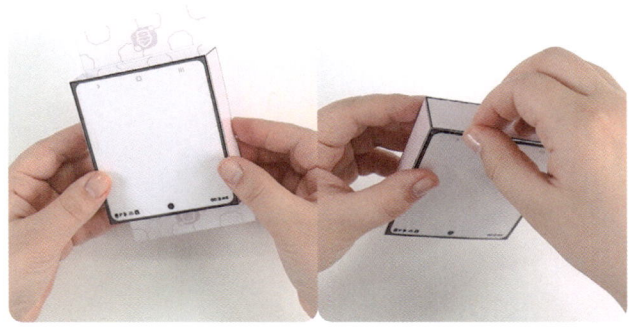

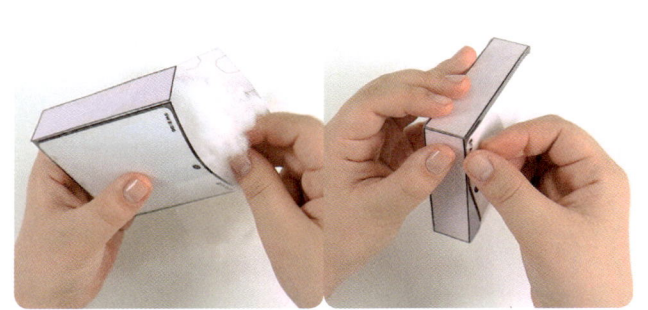

4.

3번 과정에서 붙이지 않은 윗면에 솜(또는 잘게 찢은 휴지)을 넣어요. 솜이 바깥으로 튀어나오지 않게 잘 정리한 다음 얇은 투명테이프로 세 면을 붙여 윗면을 막아요.

5.

같은 방법으로 나머지 반쪽의 핸드폰 본체도 입체 스퀴시로 만들어요.

6.

5번에서 만든 핸드폰 본체와 위젯 보관 도안을 준비해요.

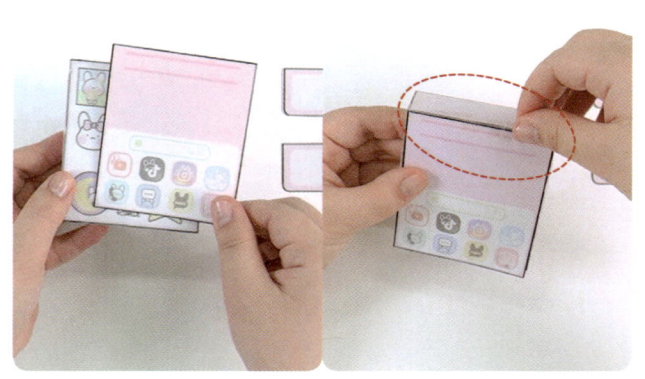

7.

핸드폰 본체 위에 가장 큰 위젯 보관 도안을 올리고 윗부분에만 얇은 투명테이프를 붙여 연결해요.

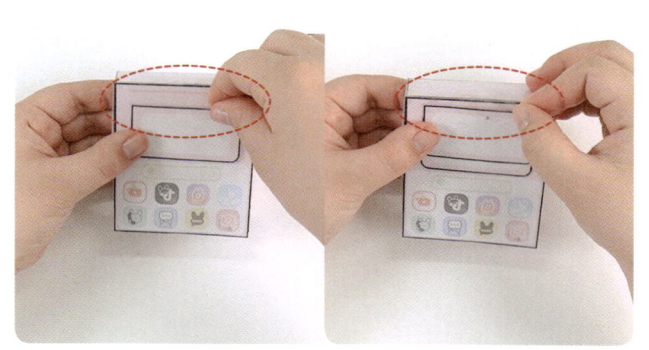

8.
큰 위젯 보관 도안 상단의 분홍색 안내선에 맞춰 작은 위젯 보관 도안을 윗부분만 붙여요. 두 개 다 윗부분에만 얇은 투명테이프를 붙여서 한 장씩 넘기는 형태로 만들어요.

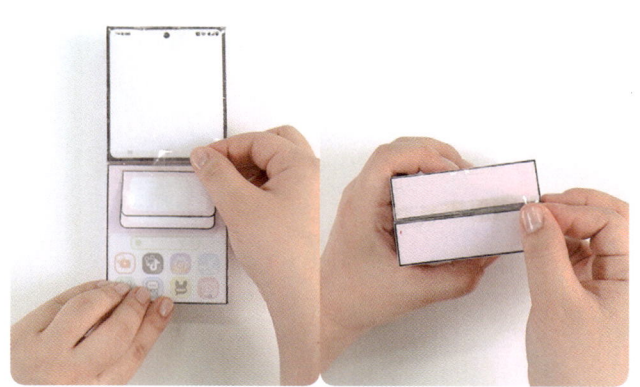

9.
핸드폰 본체 두 개를 연결해요. 4번과 8번 과정의 스퀴시를 위아래로 나란히 두고 사이에 얇은 투명테이프를 붙여 연결해요. 핸드폰을 반으로 접어 바깥쪽에도 얇은 투명테이프를 붙여 더 튼튼하게 만들어요.

10.
핸드폰의 투명 그림에 맞춰서 띠부띠부 도안의 위젯과 스티커를 정리해요.

11.
위젯과 스티커를 사용해 내 마음대로 핸드폰을 꾸미면 〈여보세요, 토깽이 핸드폰〉 입체 스퀴시가 완성돼요!

열공모드! 냥냥이 필통

공부의 시작은 역시 필기구죠. 저는 필기할 때 다양한 색의 필기구를 사용하는 편이라서 항상 필통 가득 색연필과 펜을 넣어 다니는데요. 냥냥이 필통은 기존의 필통보다 펜도 많이 들어가고 직접 만들어서 애착도 생기니, 더욱 열심히 공부할 수 있을 것 같아요.

냥냥이와 함께 열심히 공부해요.

HOW TO MAKE

도안 103~112p

1.

필통 도안 오른쪽의 인덱스를 참고해 도안을 코팅하고 가위로 오려서 준비해요.

TIP. 도안을 보면 배경이 냥냥이 무늬인 것과 체크무늬인 것으로 나뉘어 있어요. 냥냥이 무늬는 안쪽 면이고 체크무늬는 바깥쪽 면이니 만들 때 무늬를 꼭 확인하세요.

2.

필통의 뚜껑 스퀴시를 만들어요. 냥냥이 무늬만 있는 도안과 체크무늬에 냥냥이 얼굴이 있는 도안을 '솜' 표시가 있는 면끼리 맞닿도록 겹친 다음, 맨 위에 솜구멍을 제외한 테두리를 얇은 투명테이프로 붙여요.

3.

솜구멍에 솜(또는 잘게 찢은 휴지)을 넣고 솜이 바깥으로 튀어나오지 않게 잘 정리한 다음 얇은 투명테이프로 솜구멍을 막아요.

4.

같은 방법으로 바닥 스퀴시를 만들어요. 이번에는 체크무늬만 있는 도안과 냥냥이 무늬에 냥냥이 얼굴이 있는 도안을 사용하면 돼요.

5.

앞서 만든 두 개의 스퀴시와 나머지 옆면 도안을 바닥에 평면으로 펼쳐 위치를 잡고 얇은 투명테이프를 붙여 연결해요. 이때 도안은 냥냥이 무늬가 보이게 배치하고, 도안과 도안 사이는 약간의 간격을 두고 붙여요.

TIP. 처음에 도안을 평면으로 펼쳐두고 작업을 하면 붙이기 수월할 뿐만 아니라, 어디에 어떤 도안이 이어지는지 미리 가늠할 수 있어서 실수할 일이 적어요.

TIP. 빨간 동그라미의 도안은 필통을 여닫을 때 필요한 부분이에요. 다른 도안과 달리 얇고 한쪽 모서리가 둥근 모양을 확인하고 위치를 잡아요.

6.

평면의 도안을 입체적으로 만들어요. 바닥 스퀴시와 연결된 옆면 도안 모서리 네 곳을 얇은 투명테이프로 붙여 상자 모양으로 만들어요.

7.

필통 바깥쪽의 연결 부분에도 한 번 더 얇은 투명테이프를 붙여 더욱 튼튼하게 만들어요.

8.
뚜껑 스퀴시에 연결된 옆면 도안의 회색 상자에 맞춰 풀 테이프를 붙여 필통을 여닫을 수 있게 만들어요.

TIP. 풀테이프 대신 벨크로를 붙여도 좋아요.

9.
필통을 열어 안에 필기구를 넣고 윗부분의 남는 공간에 짧은 막대 도안을 붙여 공간을 나눠요. 아래쪽과 양옆을 꼼꼼하게 붙여요.

10.
아래에는 필기구를, 위에는 풀이나 지우개 같은 작은 도구를 넣으면 〈열공모드! 냥냥이 필통〉 스퀴시가 완성돼요!

# 부자 되는 몽실이 지갑

내가 직접 만든 지갑에 엄마 아빠가 주신 용돈을 차곡차곡 모아요. 처음에는 적은 금액이지만 조금씩 모으다 보면 금방 부자가 될 수 있어요.
오늘부터 저축하는 습관을 기르는 건 어때요?

 # HOW TO MAKE

도안 113~120p

1.

지갑 도안 오른쪽의 인덱스를 참고해 도안을 코팅하고 양면테이프를 붙인 다음 가위로 오려서 준비해요.

TIP. 사진에는 나오지 않았지만, 미니 포켓 도안의 A와 B, ①과 ② 에 종이 양면테이프를 붙여주세요.

2.

미니 포켓을 만들어요. 도안에 표시된 점선에 맞춰 위아래는 안쪽으로 접고, 양옆은 계단 모양으로 접어요.

3.

양옆에 붙인 양면테이프의 종이를 제거하고 ①과 ①+의 위치를 확인한 뒤 맞춰 붙여요.

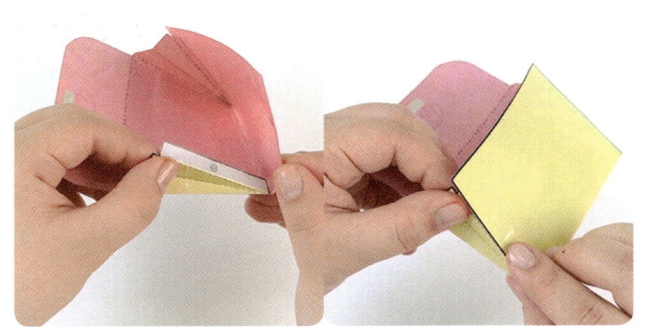

4.
반대쪽도 마찬가지로 양면테이프의 종이를 제거하고 ②와 ②+의 위치를 확인한 뒤 맞춰 붙여요.

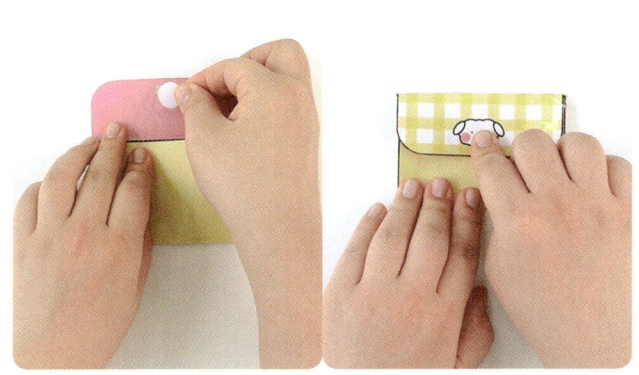

5.
미니 포켓 덮개의 회색 상자에 벨크로를 붙여 포켓을 여닫을 수 있도록 만들어요.

TIP. 책에서는 벨크로를 사용했지만 풀테이프나 양면테이프를 사용해서 붙여도 좋아요.

6.
같은 방법으로 미니 포켓을 하나 더 만들어요.

7.
지갑 스퀴시를 만들어요. 먼저 잠금 도안 C와 맨 뒷면 도안 C+의 위치를 확인하고 얇은 투명테이프로 붙여요.

8.

도안을 뒤집어 맨 뒷면과 잠금 도안이 겹치는 부분에도 얇은 투명테이프를 붙여 고정해요.

9.

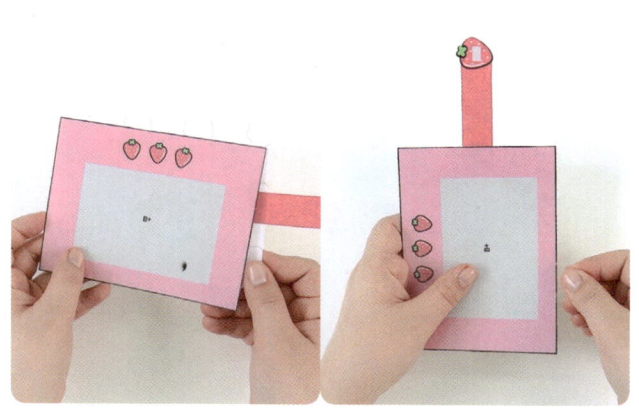

8번 과정의 맨 뒷면 도안과 B+라고 적혀있는 도안을 겹쳐요. '솜' 표시가 있는 면끼리 맞닿도록 겹친 다음, 솜구멍을 제외한 테두리를 얇은 투명테이프로 붙여요.

10.

잠금 도안과 겹치는 부분에도 얇은 투명테이프를 붙여 단단하게 고정해요.

11.

솜구멍에 솜(또는 잘게 찢은 휴지)을 넣고 솜이 바깥으로 튀어나오지 않게 잘 정리한 다음, 얇은 투명테이프로 솜구멍을 막아 스퀴시를 만들어요.

12.

같은 방법으로 맨 앞 도안과 A+라고 적혀있는 도안을 겹쳐 스퀴시를 하나 더 만들어요.

13.

앞서 만든 두 개의 스퀴시를 알파벳 순서대로 놓고 사이에 연결 도안을 놓은 다음 얇은 투명테이프를 붙여 연결해요.

TIP. 도안과 도안 사이에 약간의 간격을 띄고 붙여야 나중에 입체적으로 만들기 수월해요.

14.

스퀴시를 뒤집어 연결 부분에 똑같이 얇은 투명테이프를 붙여 더욱 튼튼하게 만들어요.

15.

6번 과정에서 만든 미니 포켓 중 A라고 적혀있는 포켓 뒷면의 양면테이프 종이를 제거하고 지갑 스퀴시의 A+에 맞춰 붙여요.

16.
마찬가지로 B라고 적혀있는 미니 포켓 뒷면의 양면테이프 종이를 제거하고 지갑 스퀴시의 B+에 맞춰 붙여요.

17.
지갑 스퀴시를 입체적으로 접고 잠금 도안의 회색 상자에 벨크로를 붙여 여닫을 수 있도록 만들어요.

TIP. 책에서는 벨크로를 사용했지만 풀테이프나 양면테이프를 사용해서 붙여도 좋아요.

18.
동전이나 지폐는 물론 카드나 명함, 스티커 등을 넣으면 〈부자 되는 몽실이 지갑〉 스퀴시가 완성돼요!

뽕뽕! 토토 게임기

오래 가지고 놀아도 눈이 나빠지지 않는 게임기예요. 옷을 갈아입고 사과와 복숭아를 키우고 잠자리에 드는 순간까지 토토의 하루를 함께 경험해요. 다들 놀 준비되었나요? 모여봐요, 토토의 숲에!

즐거운 아침, 오늘은 무슨 일을 할까요?

HOW TO MAKE

도안 121~132p

1.

게임기 도안 오른쪽의 인덱스를 참고해 도안을 코팅하고 가위로 오려서 준비해요. 이때 띠부띠부 도안은 코팅 후 양면테이프를 붙인 다음 오려요.

2.

게임기 본체 스퀴시를 만들어요. 게임기를 열었을 때 그림이 정방향으로 보이도록 백그라운드 도안과 맨 앞면 도안을 놓아요. 그다음 '솜' 표시가 있는 면끼리 맞닿도록 겹친 다음 솜구멍을 제외한 테두리를 얇은 투명테이프로 붙여요.

TIP. 게임기의 곡선을 붙일 때는 가위집을 넣어 곡선에 맞게 하나씩 접어가며 붙이고, 직선은 한 번에 붙여요.

3.

솜구멍에 솜(또는 잘게 찢은 휴지)을 넣고 솜이 바깥으로 튀어나오지 않게 잘 정리한 다음, 얇은 투명테이프로 솜구멍을 막아요.

4.

같은 방법으로 아이템 도안과 맨 뒷면 도안을 스퀴시로 만들어요.

5.

앞서 만든 두 개의 스퀴시를 순서대로 위아래에 놓고 가운데에 연결 도안을 놓은 다음 얇은 투명테이프를 붙여 연결해요. 뒷면에도 똑같이 얇은 투명테이프를 붙여 더욱 튼튼하게 만들어요.

TIP. 도안과 도안 사이에 약간의 간격을 띄고 붙여야 나중에 입체적으로 만들기 수월해요.

6.

백그라운드 도안 상단의 보라색 안내선에 맞춰 네모 도안의 윗부분만 얇은 투명테이프로 붙여요. 위아래로 넘기는 형식이 되도록 붙이면 돼요.

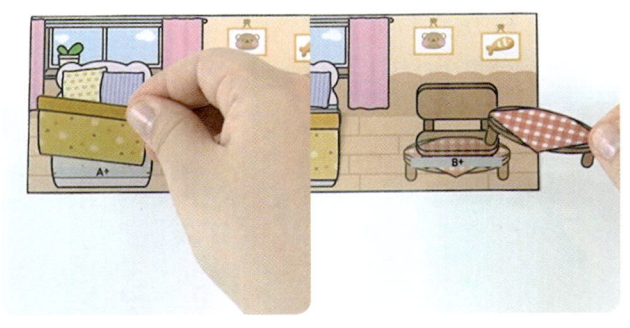

7.

배경 도안을 꾸며요. 이불 도안에 붙인 양면테이프의 종이를 제거하고, A와 배경 A+의 위치를 확인한 뒤 맞춰 붙여요. 테이블 도안 역시 B와 배경 B+의 위치를 확인한 뒤 맞춰 붙여요.

8.

6번 과정에서 붙인 네모 도안에 7번 과정의 배경을 비롯한 나머지 두 개의 배경 도안을 붙이고, 아이템 도안에는 토토와 소품들을 붙여 정리해요.

9.

아이템 도안 아래쪽 회색 상자에 벨크로를 붙여 게임기를 여닫을 수 있도록 만들어요.

TIP. 책에서는 벨크로를 사용했지만 풀테이프나 양면테이프를 사용해서 붙여도 좋아요.

10.

게임기 앞면에 배경을 바꿔 붙이면서 다양한 소품을 사용해 놀이하면 〈뿅뿅! 토토 게임기〉 스퀴시가 완성돼요!

냠냠, 정성 가득 도시락

요즘 날씨가 너무 좋아서 도시락을 챙겨 놀러 가려고 해요. 다양한 주먹밥과 김밥, 달걀말이와 소시지, 샐러드까지 맛있는 음식을 알차게 담아봐요. 정성이 듬뿍 담긴 도시락을 보면 누구라도 다 좋아할 거예요.

저랑 같이 소풍 가실 분~!

HOW TO MAKE

도안 133~142p

1.

도시락 도안 오른쪽의 인덱스를 참고해 도안을 코팅하고 가위로 오려서 준비해요.

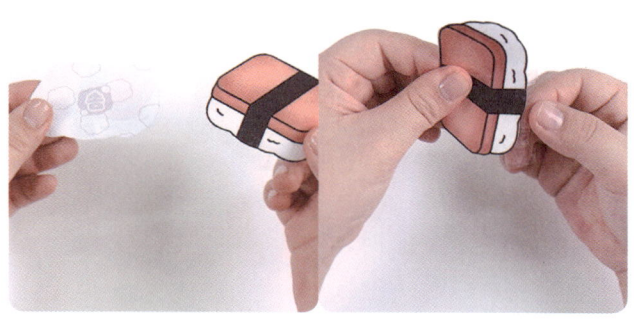

2.

먼저 도시락 반찬 스퀴시를 만들어요. 스팸초밥 도안을 '솜' 표시가 있는 면끼리 맞닿도록 겹친 다음, 솜구멍을 제외한 테두리를 얇은 투명테이프로 붙여요.

TIP. 도시락 반찬 스퀴시는 크기도 작고 곡선도 많아서 만들기 쉽지 않을 거예요. 곡선을 붙일 때 얇은 투명테이프에 가위집을 넣고 곡선에 맞게 하나씩 접어가며 붙이면 깔끔하게 붙일 수 있어요.

3.

솜구멍에 솜(또는 잘게 찢은 휴지)을 넣고 솜이 바깥으로 튀어나오지 않게 잘 정리한 다음, 얇은 투명테이프로 솜구멍을 막아 스퀴시를 만들어요. 솜구멍이 작아 손가락으로 솜을 넣기 힘들다면 연필이나 젓가락 등 얇고 긴 막대를 이용해 넣어도 좋아요.

4.
같은 방법으로 모든 반찬 스퀴시를 만들어요.

5.
도시락통을 만들어요. 먼저 구멍이 뚫린 뚜껑 도안을 뒤집어 비닐을 떼지 않은 손코팅지를 올린 다음, 구멍보다 조금 더 크게 잘라요. 그다음 사방을 얇은 투명테이프로 붙여 안이 보이는 투명한 뚜껑을 만들어요.

6.
5번 과정의 뚜껑에 옆면 도안을 평면으로 펼쳐 위치를 잡고 얇은 투명테이프를 붙여 연결해요. 이때 도안과 도안 사이에 약간의 간격을 띄고 붙여야 나중에 입체적으로 만들기 수월해요.

TIP. 처음에 도안을 평면으로 펼쳐두고 작업을 하면 붙이기 수월할 뿐만 아니라, 어디에 어떤 도안이 이어지는지 미리 가늠할 수 있어서 실수할 일이 적어요.

7.
평면의 도안을 입체적으로 만들어요. 옆면 도안을 아래쪽으로 접어 모서리 네 곳을 얇은 투명테이프로 붙여 상자 모양으로 만들어요.

8.
같은 방법으로 도시락의 바닥도 만들어요.

TIP. 도시락통의 뚜껑과 바닥을 모두 만들었다면 뚜껑을 덮어 제대로 만들어졌는지 확인해요.

9.
4번 과정에서 만든 반찬 스퀴시에 풀테이프를 붙여 도시락통 속에 예쁘게 담아 정리해요.

10.
반찬 스퀴시를 모두 담고 뚜껑을 덮으면 〈냠냠, 정성 가득 도시락〉 스퀴시가 완성돼요!

소워니, 시워니의 달콤한 베리

커다란 과자 상자 안에 작은 과자 봉투가 들어있고, 작은 과자 봉투 안에 동그란 과자가 들어있고, 동그란 과자 안에는 소워니와 시워니가 들어있어요. 하나씩 꺼내는 재미와 과자 안에 누가 들어있을까 하는 설렘이 가득한 스퀴시예요.

과자를 열면 소워니가 짠!

시워니가 짠!

HOW TO MAKE

도안 143~158p

1.

달콤한 베리 도안 오른쪽의 인덱스를 참고해 도안을 코팅하고 가위로 오려서 준비해요. 이때 띠부띠부 도안은 코팅 후 양면테이프를 붙인 다음 오려요.

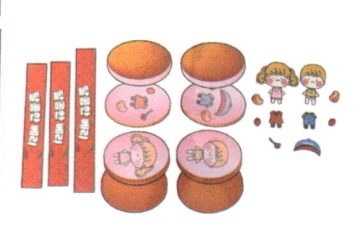

2.

먼저 과자 상자를 만들어요. 상자 앞면 도안과 딸기 도트 도안을 준비한 뒤 '솜' 표시가 있는 면끼리 맞닿도록 겹친 다음, 솜구멍을 제외한 테두리를 얇은 투명테이프로 붙여요.

3.

솜구멍에 솜(또는 잘게 찢은 휴지)을 넣고 솜이 바깥으로 튀어나오지 않게 잘 정리한 다음, 얇은 투명테이프로 솜구멍을 막아요.

4.
같은 방법으로 상자 뒷면 도안과 딸기 도트 도안을 겹쳐서 상자 뒷면 스퀴시도 만들어요.

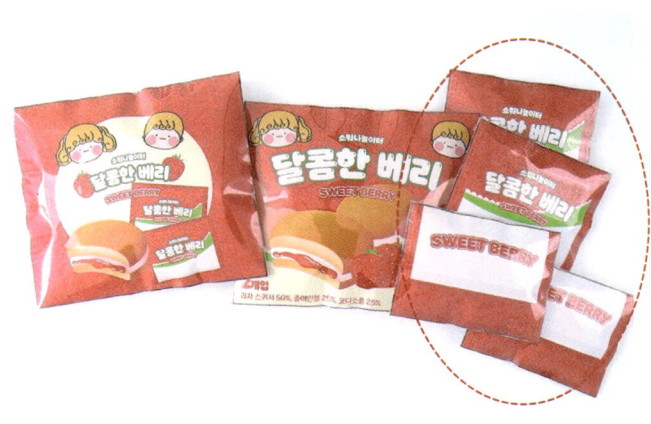

5.
과자 봉투 스퀴시를 만들어요. 과자 상자와 마찬가지로 각 봉투의 앞 / 뒷면 도안과 딸기 도트 도안을 겹쳐서 만들면 총 4개의 과자 봉투 스퀴시가 만들어져요.

6.
과자 스퀴시를 만들어요. 소워니&시워니 보관 도안 + 과자 뒷면 도안 / 소품 보관 도안 + 과자 앞면 도안을 겹쳐서 만들면 총 4개의 과자 스퀴시가 만들어져요.

7.
모든 스퀴시를 만들어 준비해요.

8.

4번 과정에서 만든 과자 상자 스퀴시 두 개와 옆면 도안 두 개를 사진과 같은 순서로 놓은 다음, 얇은 투명테이프를 붙여 연결해요. 도안을 뒤집어 뒷면에도 똑같이 얇은 투명테이프를 붙여 더욱 튼튼하게 만들어요.

TIP. 도안과 도안 사이에 약간의 간격을 띄고 붙여야 나중에 입체적으로 만들기 수월해요.

9.

평면의 도안을 입체적으로 만들어요. 딸기 도트 도안이 안쪽이 되도록 접은 다음 맞닿은 스퀴시와 옆면 도안을 얇은 투명테이프로 붙여 연결해요.

10.

과자 상자 스퀴시의 아랫부분에 밑면 도안을 대고 얇은 투명 테이프로 붙이면 과자 상자 스퀴시가 완성돼요.

11.

5번 과정에서 만든 과자 봉투 스퀴시 중 모양이 다른 두 개를 나란히 두고 얇은 투명테이프로 붙여요. 그다음 딸기 도트 도안이 안쪽이 되도록 접고 반대쪽도 붙여요.

12.

아래쪽도 얇은 투명테이프로 붙여요. 이때 위쪽은 과자를 넣어야 하니 붙이지 않아요.

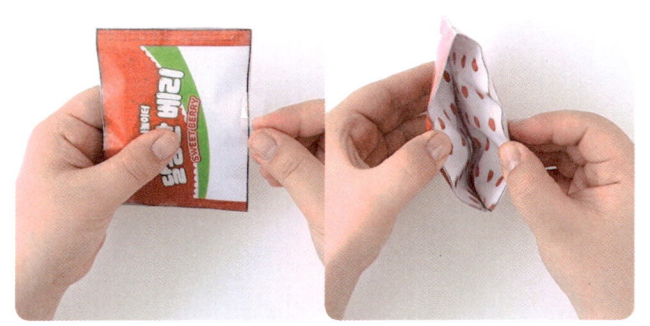

13.

같은 방법으로 남은 과자 봉투 스퀴시 두 개를 붙여 완성해요.

14.

6번 과정에서 만든 과자 스퀴시 중 소품 보관 스퀴시와 소워니 보관 스퀴시를 나란히 두고 가운데에만 얇은 투명테이프를 붙여 여닫을 수 있도록 만들어요. 뒷면에도 얇은 투명테이프를 붙여 튼튼하게 만들어요.

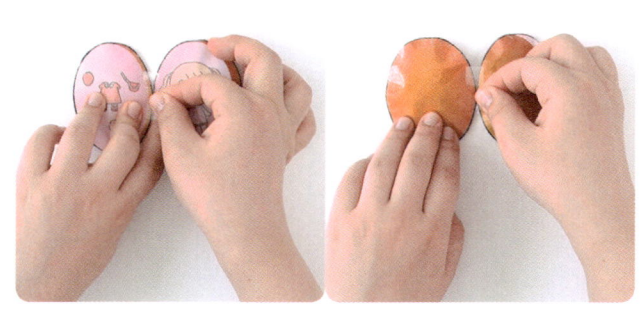

15.

같은 방법으로 소품 보관 스퀴시와 시워니 보관 스퀴시도 연결해요.

16.

과자 스퀴시의 투명 그림에 맞춰 소워니와 시워니, 소품을 정리해요.

17.

과자 < 과자 봉투 < 과자 상자 순서로 스퀴시를 넣으면 <소워니, 시워니의 달콤한 베리> 스퀴시가 완성돼요! 순서대로 스퀴시를 꺼낸 다음 마지막 과자 스퀴시를 열어 코디 놀이를 해요.

# 아기자기 인형 가게

말랑말랑 아기자기한 인형이 선반 가득 놓여 있는 인형 가게예요. 소워니와 시워니가 열심히 만들어서 그런지 훨씬 더 귀여운 것 같아요. 친구들과 인형을 사고 팔면서 가게 놀이도 할 수 있는데요, 〈소워니놀이터의 띠부띠부 가게놀이〉와 함께하면 더욱 재미있게 놀 수 있겠죠?

HOW TO MAKE

도안 159~174p

1.

인형 가게 도안 오른쪽의 인덱스를 참고해 도안을 코팅하고 가위로 오려서 준비해요. 이때 계산대 도안은 코팅 후 종이 양면테이프를 붙인 다음 오려요.

2.

먼저 인형 스퀴시를 만들어요. 같은 모양의 인형 도안을 '솜' 표시가 있는 면끼리 맞닿도록 겹쳐요.

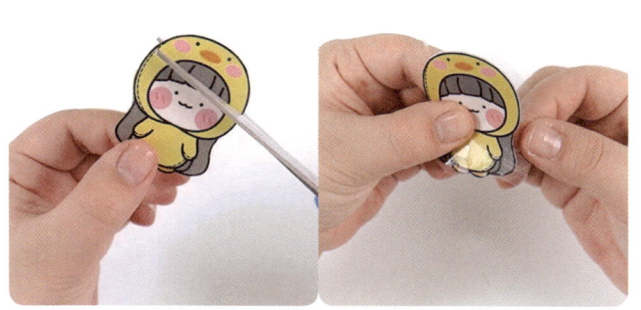

3.

겹친 도안의 테두리를 따라 얇은 투명테이프를 붙이고 가위집을 넣어 곡선에 맞게 하나씩 접어가며 붙여요. 솜 구멍을 조금만 남긴 채 테두리를 전부 붙여요.

TIP. 인형 스퀴시는 크기도 작고 곡선도 많아서 만들기 쉽지 않을 거예요. 곡선을 붙일 때 얇은 투명테이프에 가위집을 넣어 곡선에 맞게 하나씩 접어가며 붙이면 깔끔하게 붙일 수 있어요.

4.

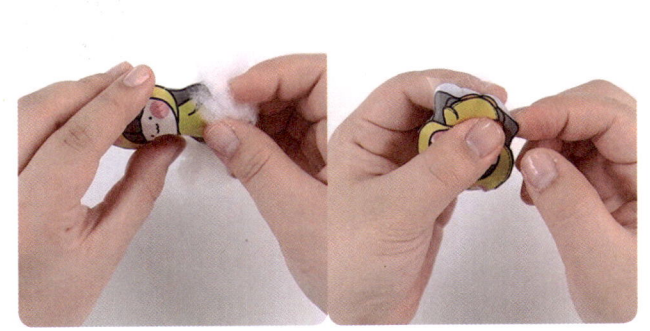

솜구멍에 솜(또는 잘게 찢은 휴지)을 넣고 솜이 바깥으로 튀어나오지 않게 잘 정리한 다음, 얇은 투명테이프로 솜구멍을 막아 스퀴시를 만들어요. 솜구멍이 작아 손가락으로 솜을 넣기 힘들다면 연필이나 젓가락 등 얇고 긴 막대를 이용해 넣어도 좋아요.

5.

같은 방법으로 모든 인형 스퀴시를 만들어요.

6.

인형 가게 스퀴시북을 만들어요. 먼저 잠금 도안 B와 맨 뒷면 도안 B+의 위치를 확인하고 얇은 투명테이프로 붙여요. 중간에 떨어지지 않게 꼼꼼히 붙여요.

7.

도안을 뒤집어 맨 뒷면과 잠금 도안이 겹치는 부분에도 얇은 투명테이프를 붙여 고정해요.

8.
7번 과정의 맨 뒷면 도안과 선반이 있는 ③번 도안을 겹쳐요. '솜' 표시가 있는 면끼리 맞닿도록 겹친 다음, 윗면을 제외한 테두리를 얇은 투명테이프로 붙여요.

9.
잠금 도안과 겹치는 부분에도 얇은 투명테이프를 붙여 단단하게 고정해요.

10.
8번 과정에서 붙이지 않은 윗면에 솜(또는 잘게 찢은 휴지)을 넣고 솜이 바깥으로 튀어나오지 않게 잘 정리해요.

TIP. 면적이 넓은 스퀴시에 솜을 넣을 때는 뭉쳐있는 솜을 충분히 풀어준 다음 넣어야 잘 부풀어 스퀴시가 폭신폭신해져요.

11.
얇은 투명테이프로 윗면을 막아 스퀴시를 만들어요.

12.

같은 방법으로 맨 앞 ①번 도안과 계산대가 있는 ②번 도안도 '솜' 표시가 있는 면끼리 맞닿도록 붙이고 솜을 넣어 스퀴시를 하나 더 만들어요.

13.

앞서 만든 두 개의 스퀴시를 순서대로 놓고 사이에 연결 도안을 놓은 다음 얇은 투명테이프를 붙여 연결해요.

TIP. 도안과 도안 사이에 약간의 간격을 띄고 붙여야 나중에 입체적으로 만들기 수월해요.

14.

스퀴시를 뒤집어 연결 부분에 똑같이 얇은 투명테이프를 붙여 더욱 튼튼하게 만들어요.

15.

계산대 도안에 붙인 양면테이프의 종이를 제거하고, 계산대의 A와 배경 A+의 위치를 확인한 뒤 맞춰 붙여요.

16.

5번 과정에서 만든 인형 스퀴시에 풀테이프를 붙인 다음 진열대에 붙여서 정리해요.

17.

스퀴시북을 입체적으로 접고 잠금 도안의 회색 상자에 벨크로를 붙여 여닫을 수 있도록 만들어요.

TIP. 책에서는 벨크로를 사용했지만 풀테이프나 양면테이프를 사용해서 붙여도 좋아요.

18.

소워니와 시워니, 카드를 배치하면 〈아기자기 인형 가게〉 스퀴시북이 완성돼요! 인형을 구매하고 카드로 계산하며 놀이해요.

토토의 헬로마트

가전제품 살 때는 어디로? 헬로마트로!
냉장고, TV, 세탁기는 물론 노트북, 핸드폰, 게임기까지 없는 게 없어요. 원하는 제품이 있다면 말씀만 하세요. 토토가 친절하게 설명해드릴 거예요.

HOW TO MAKE

도안 175~190p

1.

헬로마트 도안 오른쪽의 인덱스를 참고해 도안을 코팅하고 가위로 오려서 준비해요. 이때 띠부띠부 스퀴시 도안은 코팅 후 양면테이프를 붙인 다음 오려요.

TIP. 처음에 양면테이프를 붙이지 않고 마지막에 풀테이프로 붙여도 좋아요.

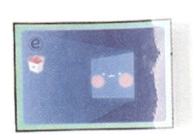 

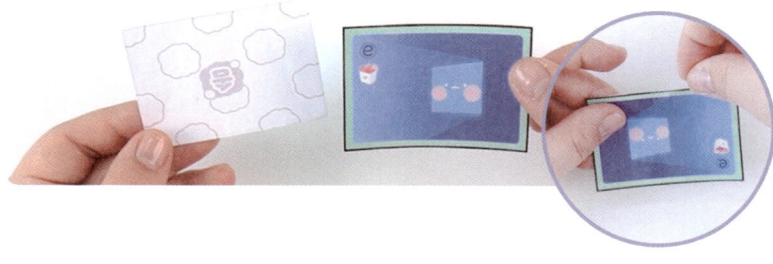

2.

먼저 전자제품 스퀴시를 만들어요. 노트북 화면 도안을 '솜' 표시가 있는 면끼리 맞닿도록 겹친 다음, 테두리를 따라 얇은 투명테이프를 붙여요. 솜구멍을 조금만 남긴 채 테두리를 전부 붙여요.

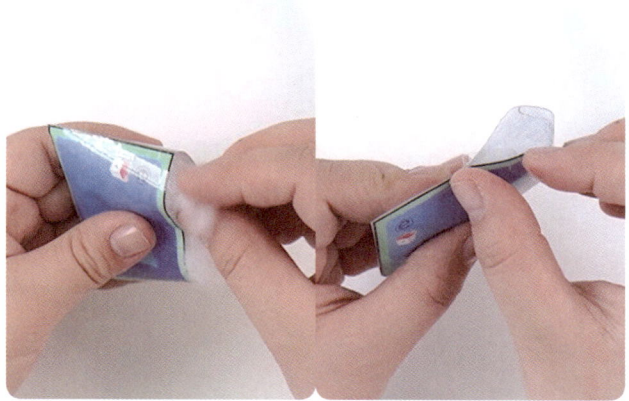

3.

솜구멍에 솜(또는 잘게 찢은 휴지)을 넣고 솜이 바깥으로 튀어나오지 않게 잘 정리한 다음, 얇은 투명테이프로 솜구멍을 막아 스퀴시를 만들어요.

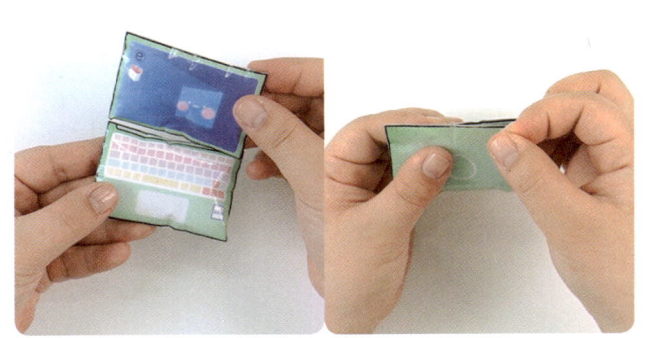

4.
같은 방법으로 노트북 키보드 도안도 스퀴시로 만들어요. 그다음 노트북을 여는 모습을 생각하면서 스퀴시를 겹치고 윗부분에만 얇은 투명테이프를 붙여 여닫을 수 있도록 만들어요.

5.
냉장고, 세탁기, 전자레인지도 같은 방법으로 스퀴시를 만들어 준비하고 각각의 스퀴시에 붙일 문 도안을 준비해요.

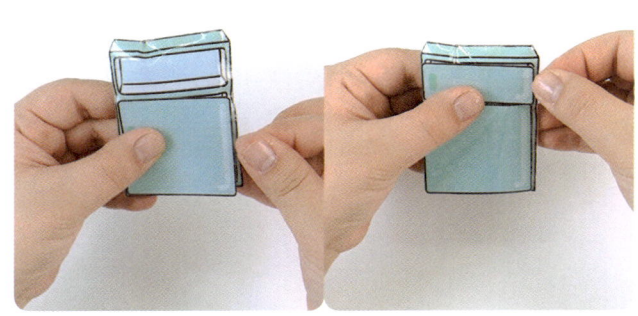

6.
냉장고 스퀴시에 문 도안을 붙여요. 그림에 맞게 도안을 올리고 한쪽에는 얇은 투명테이프를 다른 한쪽에는 풀테이프를 붙여 여닫을 수 있도록 만들어요.

7.
냉장고 안에는 띠부띠부 우유 도안을 붙여 정리해요.

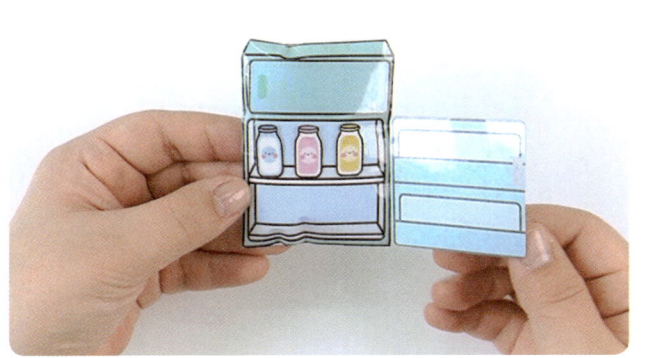

8.

세탁기 스퀴시에 문 도안을 붙여요. 그림에 맞게 도안을 올리고 왼쪽에는 얇은 투명테이프를, 오른쪽에는 풀테이프를 붙여 여닫을 수 있도록 만들어요.

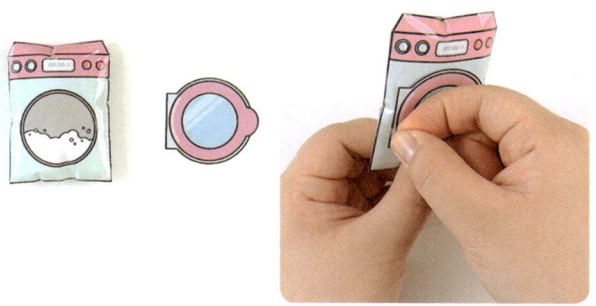

9.

전자레인지 스퀴시에 문 도안을 붙여요. 그림에 맞게 도안을 올리고 왼쪽에는 얇은 투명테이프를, 오른쪽에는 풀테이프를 붙여 여닫을 수 있도록 만들어요.

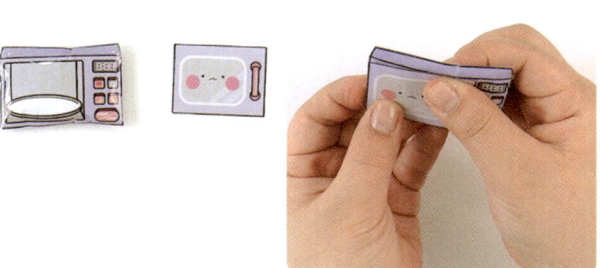

10.

그밖의 다른 전자제품들도 모두 스퀴시로 만들어요.

11.

헬로마트 스퀴시북을 만들어요. 먼저 잠금 도안 A와 맨 뒷면 도안 A+의 위치를 확인하고 얇은 투명테이프로 붙여요. 중간에 떨어지지 않게 꼼꼼히 붙여요.

12.
도안을 뒤집어 맨 뒷면과 잠금 도안이 겹치는 부분에도 얇은 투명테이프를 붙여 고정해요.

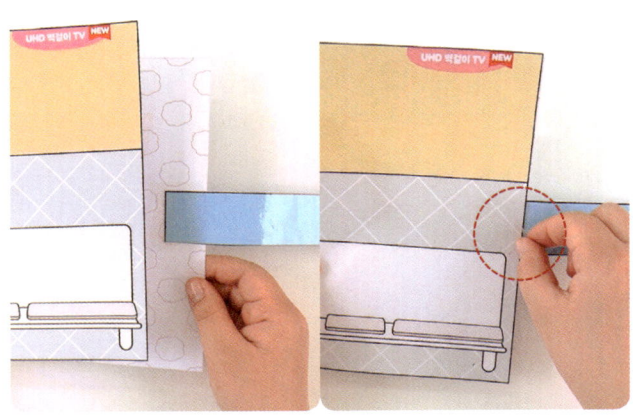

13.
12번 과정의 맨 뒷면 도안과 벽걸이 TV가 있는 ③번 도안을 겹쳐요. '솜' 표시가 있는 면끼리 맞닿도록 겹친 다음, 윗면을 제외한 테두리를 얇은 투명테이프로 붙여요. 잠금 도안과 겹치는 부분에도 얇은 투명테이프를 붙여 단단하게 고정해요.

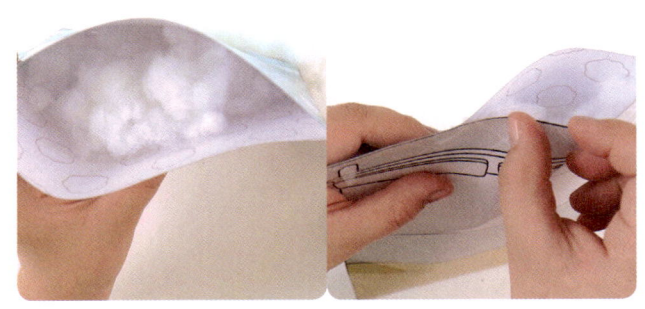

14.
13번 과정에서 붙이지 않은 윗면에 솜(또는 잘게 찢은 휴지)을 넣고 솜이 바깥으로 튀어나오지 않게 잘 정리한 다음, 얇은 투명테이프로 막아 스퀴시를 만들어요.

TIP. 면적이 넓은 스퀴시에 솜을 넣을 때는 뭉쳐있는 솜을 충분히 풀어준 다음 넣어야 잘 부풀어 스퀴시가 폭신폭신해져요.

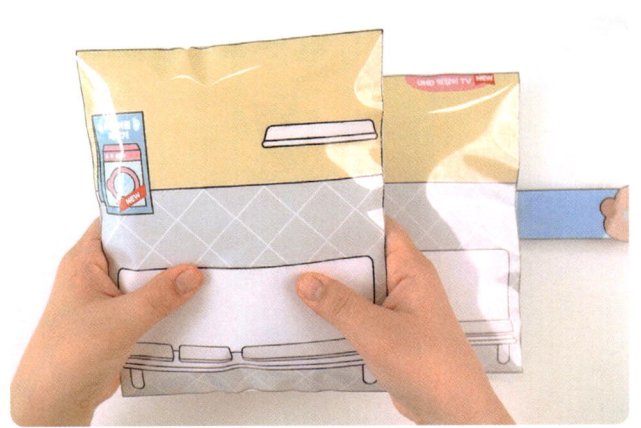

15.
같은 방법으로 맨 앞 ①번 도안과 세탁기가 있는 ②번 도안도 '솜' 표시가 있는 면끼리 맞닿도록 붙이고 솜을 넣어 스퀴시를 하나 더 만들어요.

16.

앞서 만든 두 개의 스퀴시를 순서대로 놓고 사이에 연결 도안을 놓은 다음 얇은 투명테이프를 붙여 연결해요. 뒷면에도 똑같이 얇은 투명테이프를 붙여 더욱 튼튼하게 만들어요.

TIP. 도안과 도안 사이에 약간의 간격을 띄고 붙여야 나중에 입체적으로 만들기 수월해요.

17.

10번 과정에서 만든 전자제품 스퀴시에 풀테이프를 붙인 다음 진열대에 붙이고, 토토와 카드, 계산기도 위치에 맞게 정리해요.

18.

스퀴시북을 입체적으로 접고 잠금 도안의 회색 상자에 벨크로를 붙여 여닫을 수 있도록 만들어요.

TIP. 책에서는 벨크로를 사용했지만 풀테이프나 양면테이프를 사용해서 붙여도 좋아요.

19.

토토와 함께 전자제품을 구경하며 놀이하면 〈토토의 헬로마트〉 스퀴시북이 완성돼요!

PART 3
말랑말랑 스퀴시 도안

말랑말랑 스퀴시 도안을 준비했어요. 책에서 소개하고 있는 스퀴시를 모두 만들어 볼 수 있도록 전 작품의 도안을 수록했으니 원하는 도안을 선택해 만들어요. 도안을 만들 때는 다치지 않게 언제나 손 조심하는 것을 잊지 마세요.

※ 말랑말랑한 스퀴시의 촉감을 살리기 위해 종이를 이전 시리즈보다 얇게 제작했어요. 종이가 얇다고 당황하지 마세요!

[귀욤 열쇠고리 9종 세트 ①]

투명테이프 / 양면

투명테이프 / 단면

[귀욤 열쇠고리 9종 세트 ②]

투명테이프 / 양면

투명테이프 / 양면

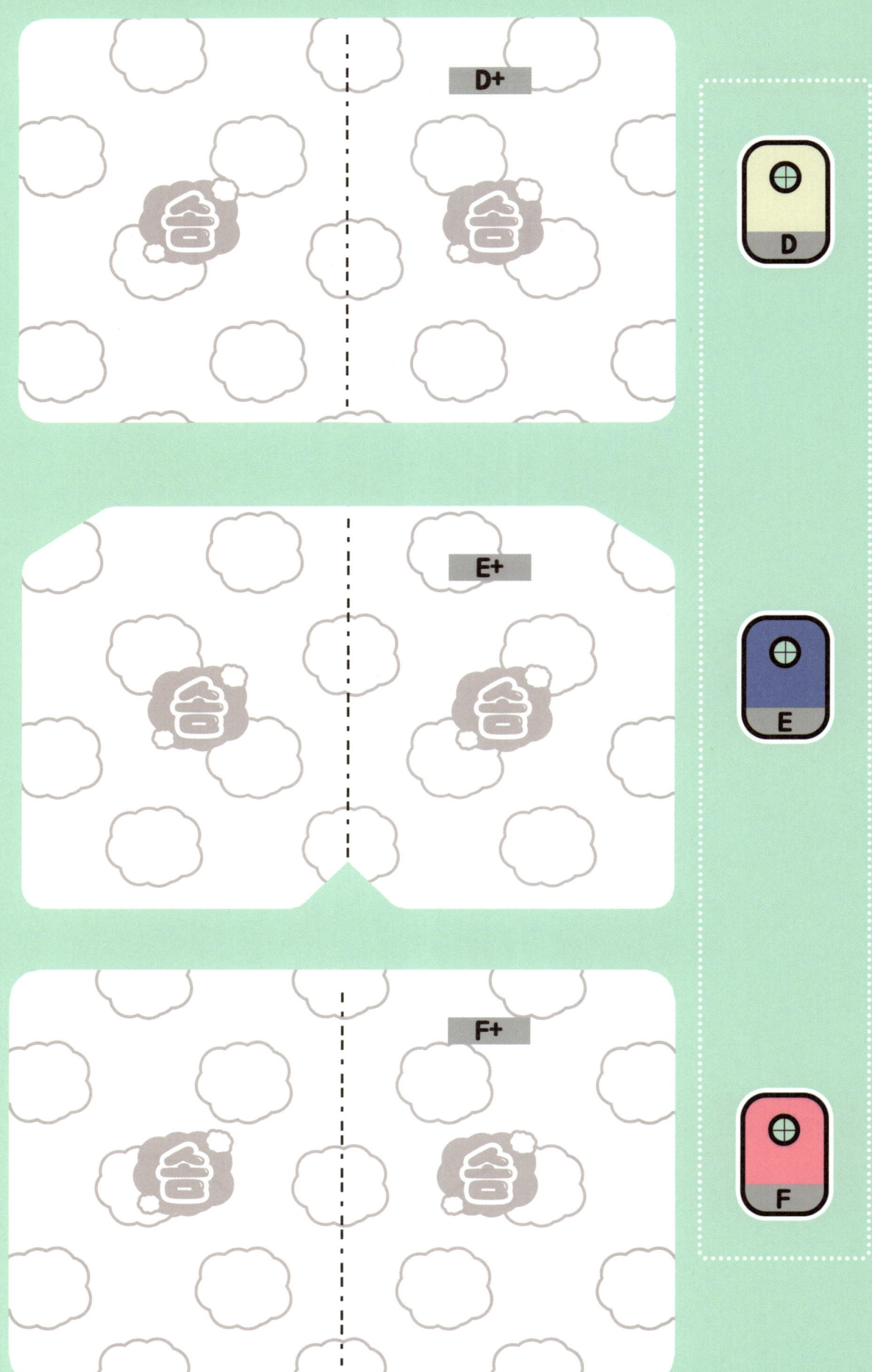

[귀욤 열쇠고리 9종 세트 ③]

투명테이프 / 양면

투명테이프 / 단면

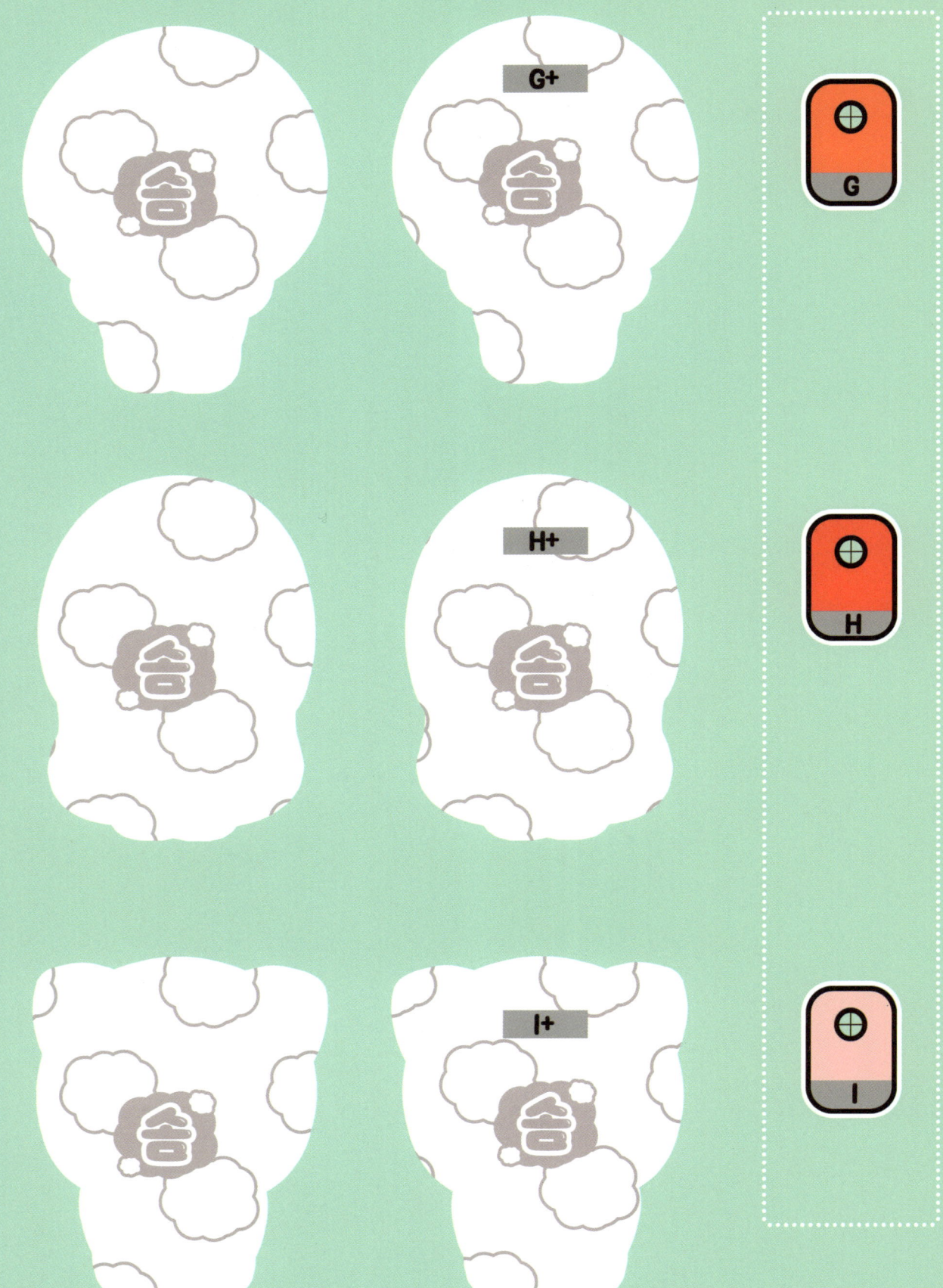

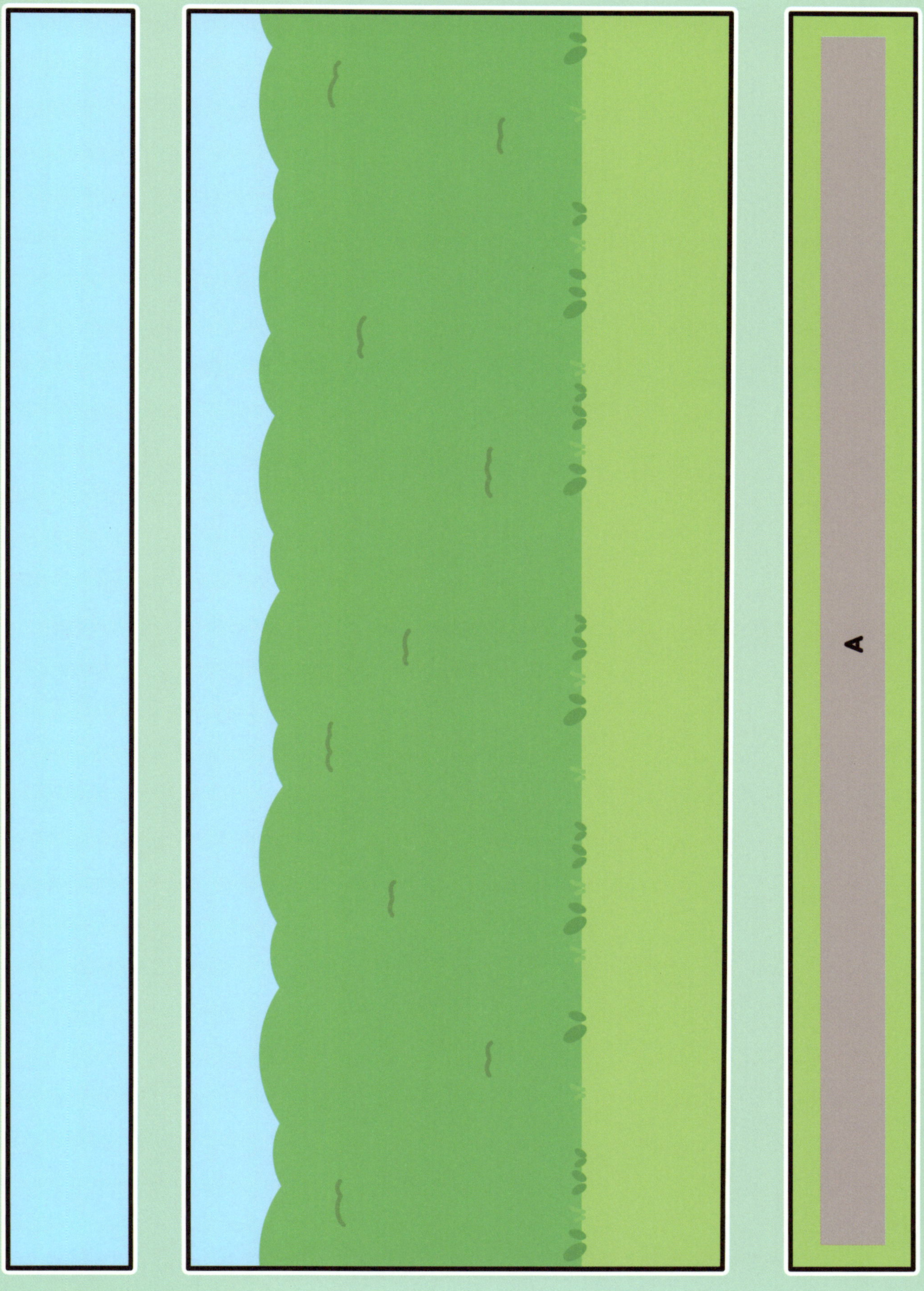

[숲속 친구들 장식품 ①]

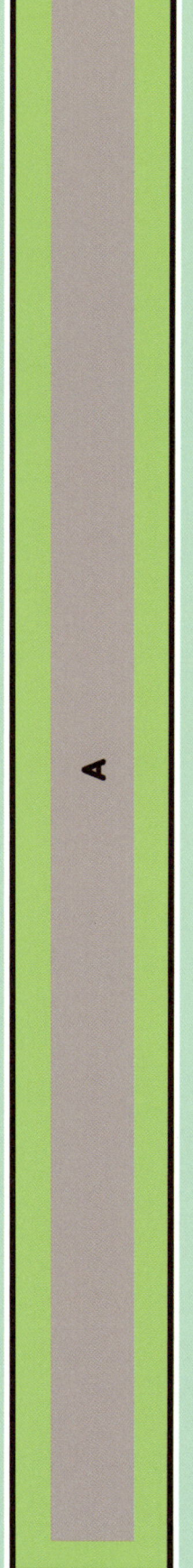

[숲속 친구들 장식품 ②]

[숲속 친구들 장식품 ③]

코팅지 / 단면

[숲속 친구들 장식품 ④]

[숲속 친구들 장식품 ⑤]

[숲속 친구들 장식품 ⑥]

[여보세요, 토깽이 핸드폰 ①]

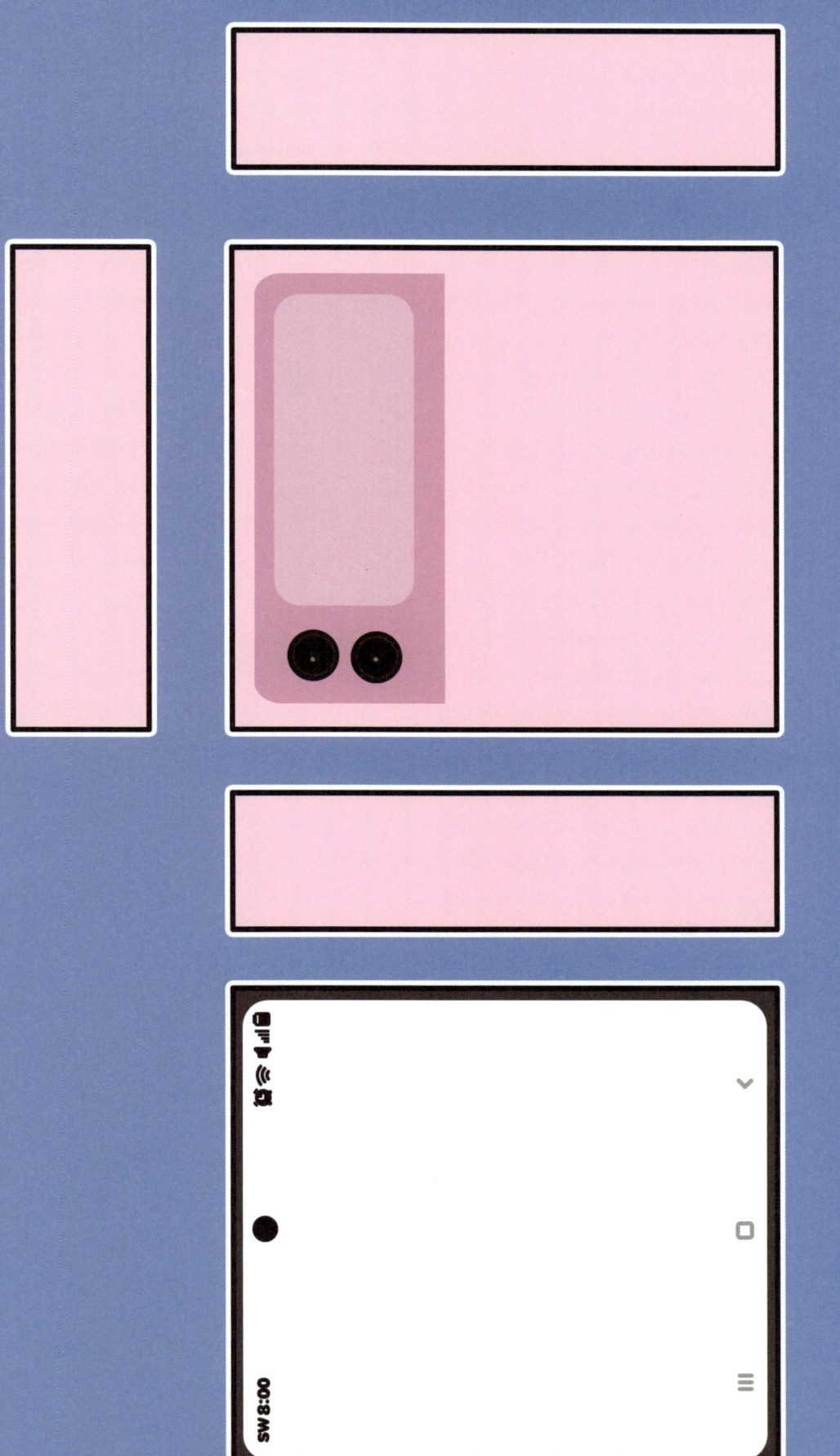

[여보세요, 토깽이 핸드폰 ②]

[여보세요, 토깽이 핸드폰 ③]

[여보세요, 토깽이 핸드폰 ④]

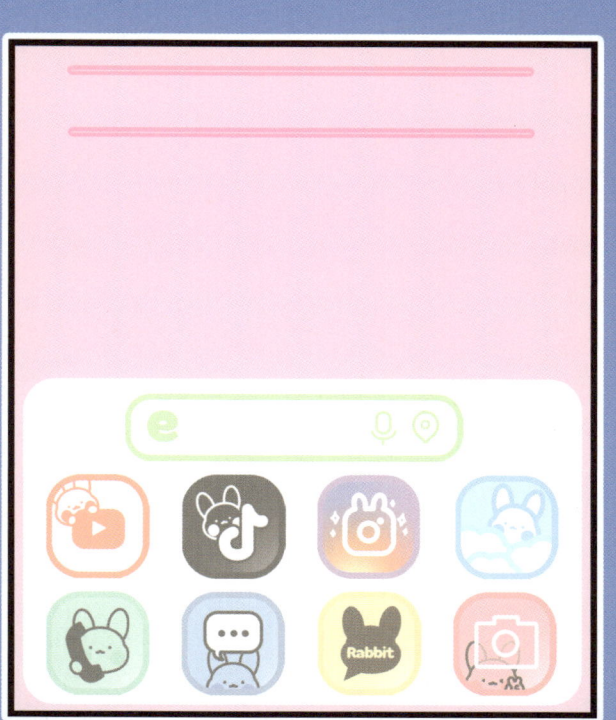

[열공모드! 냥냥이 필통 ①]

[열공모드! 냥냥이 필통 ②]

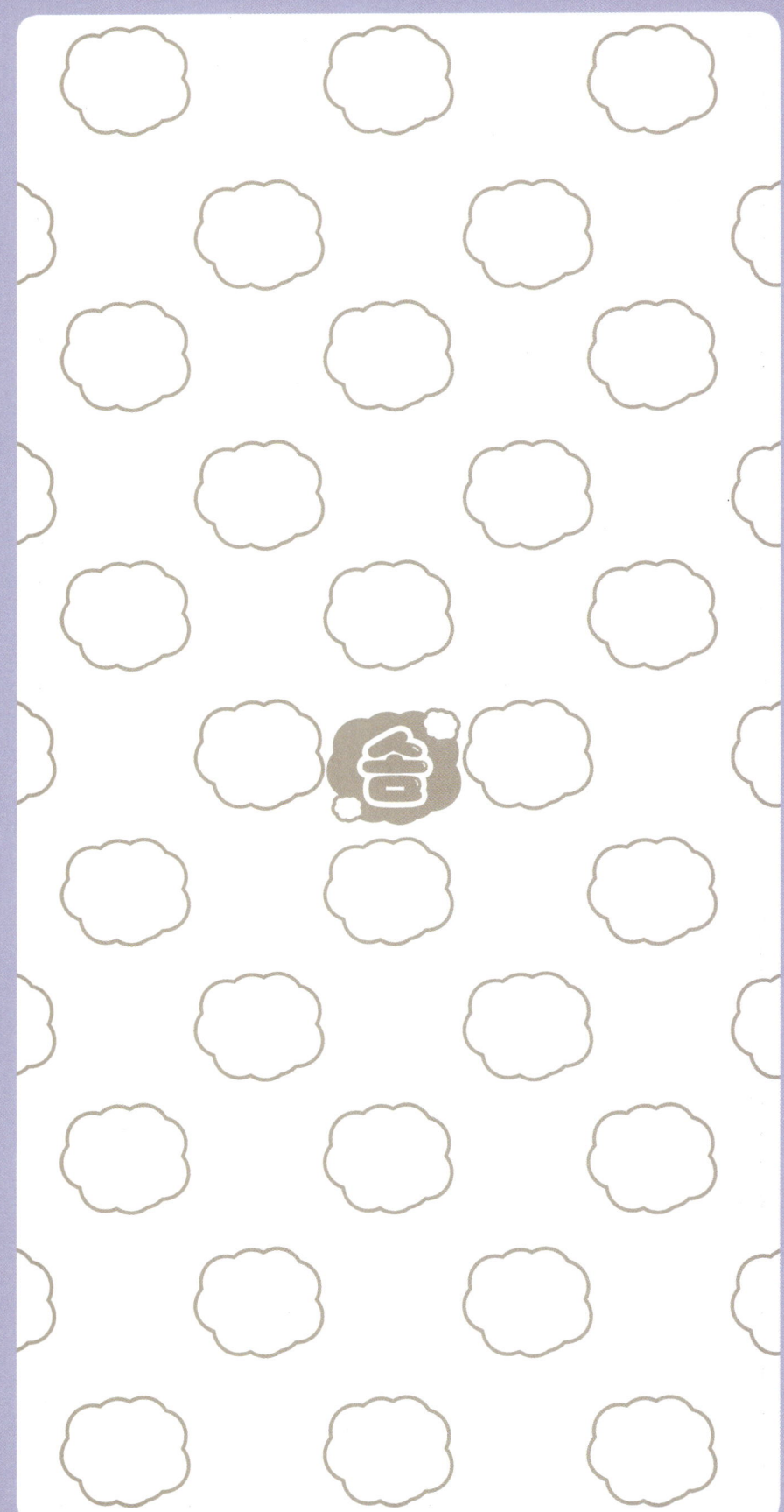

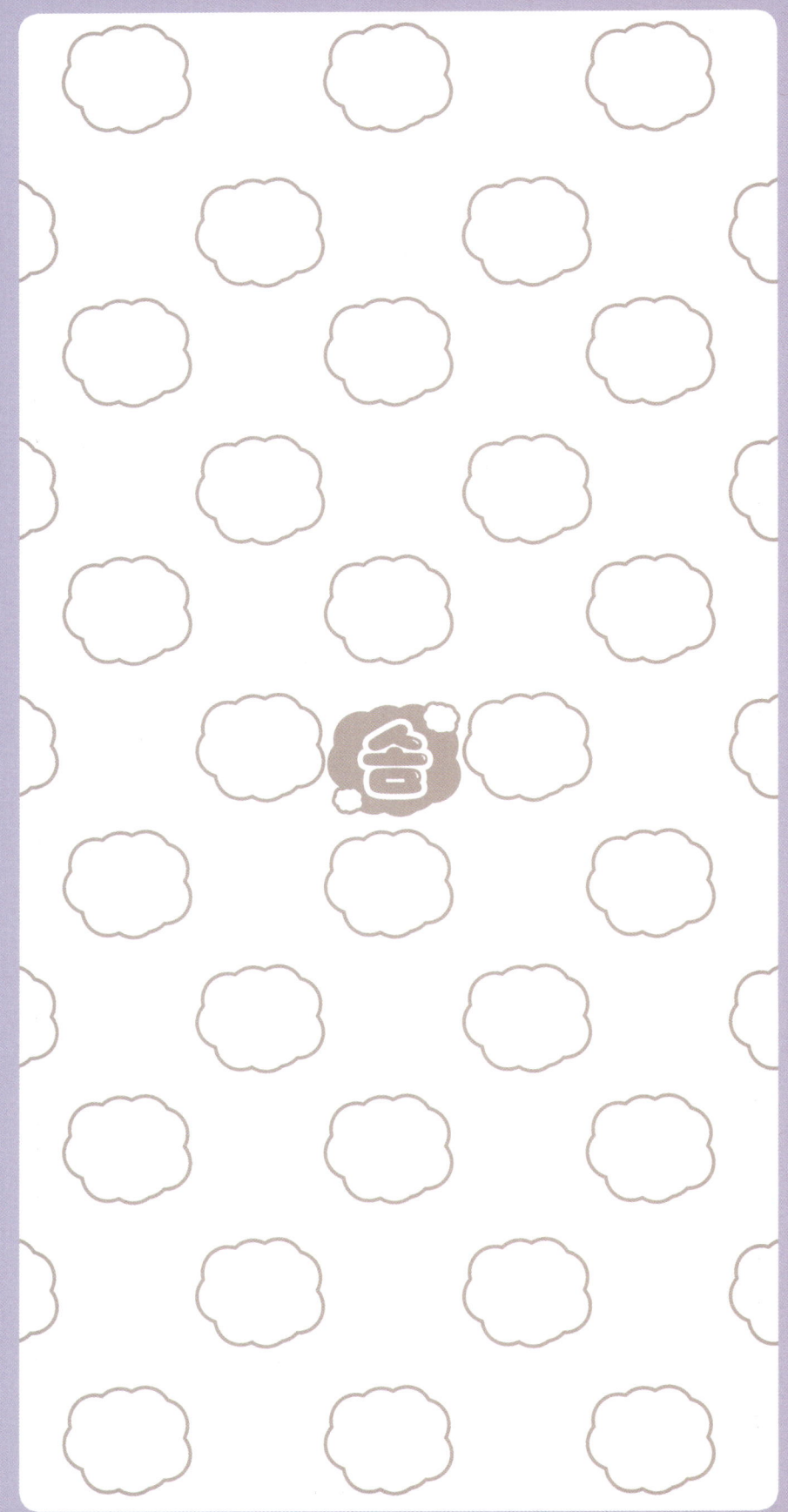

[열공모드! 냥냥이 필통 ④]

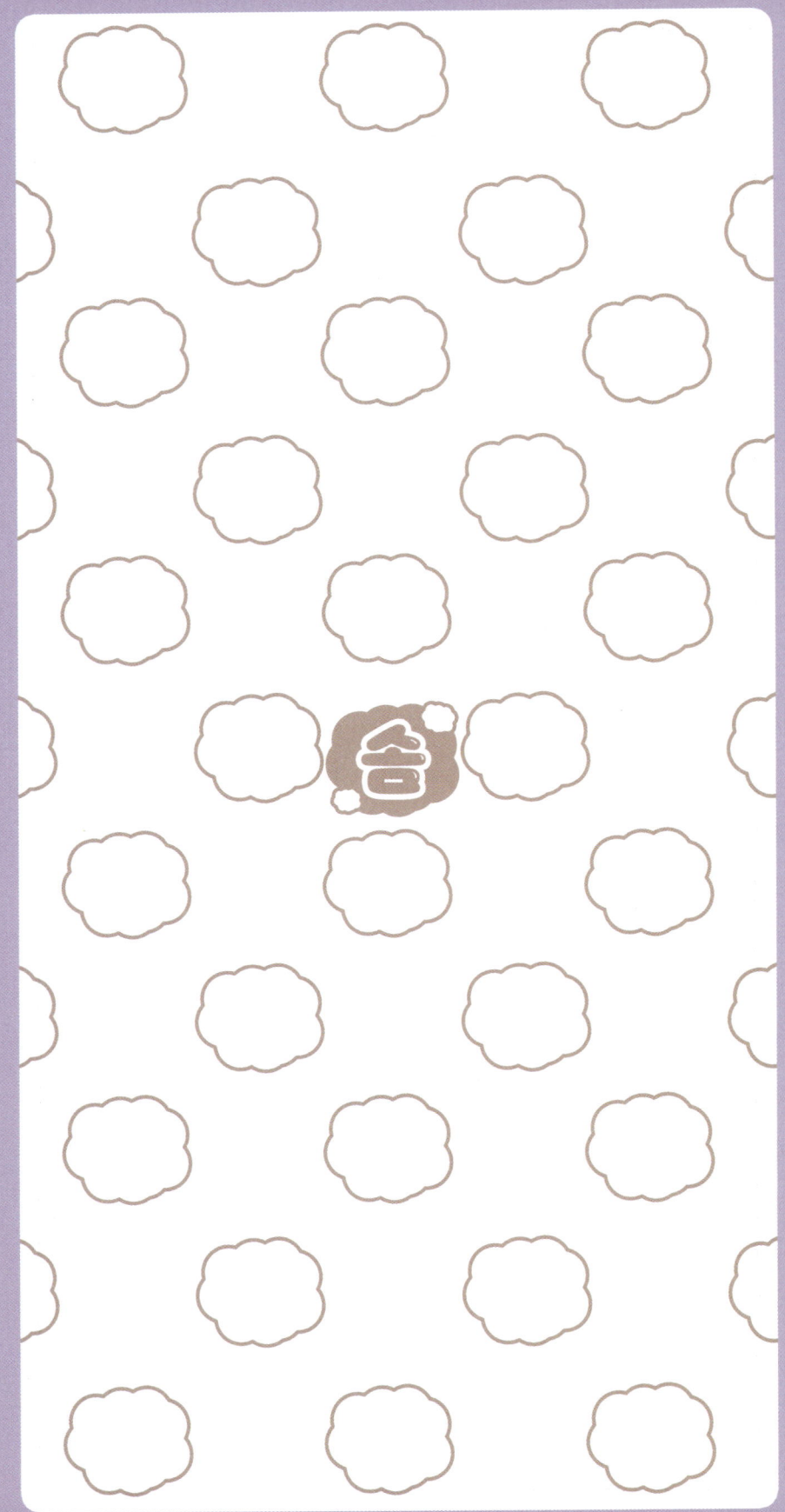

[열공모드! 냥냥이 필통 ⑤]

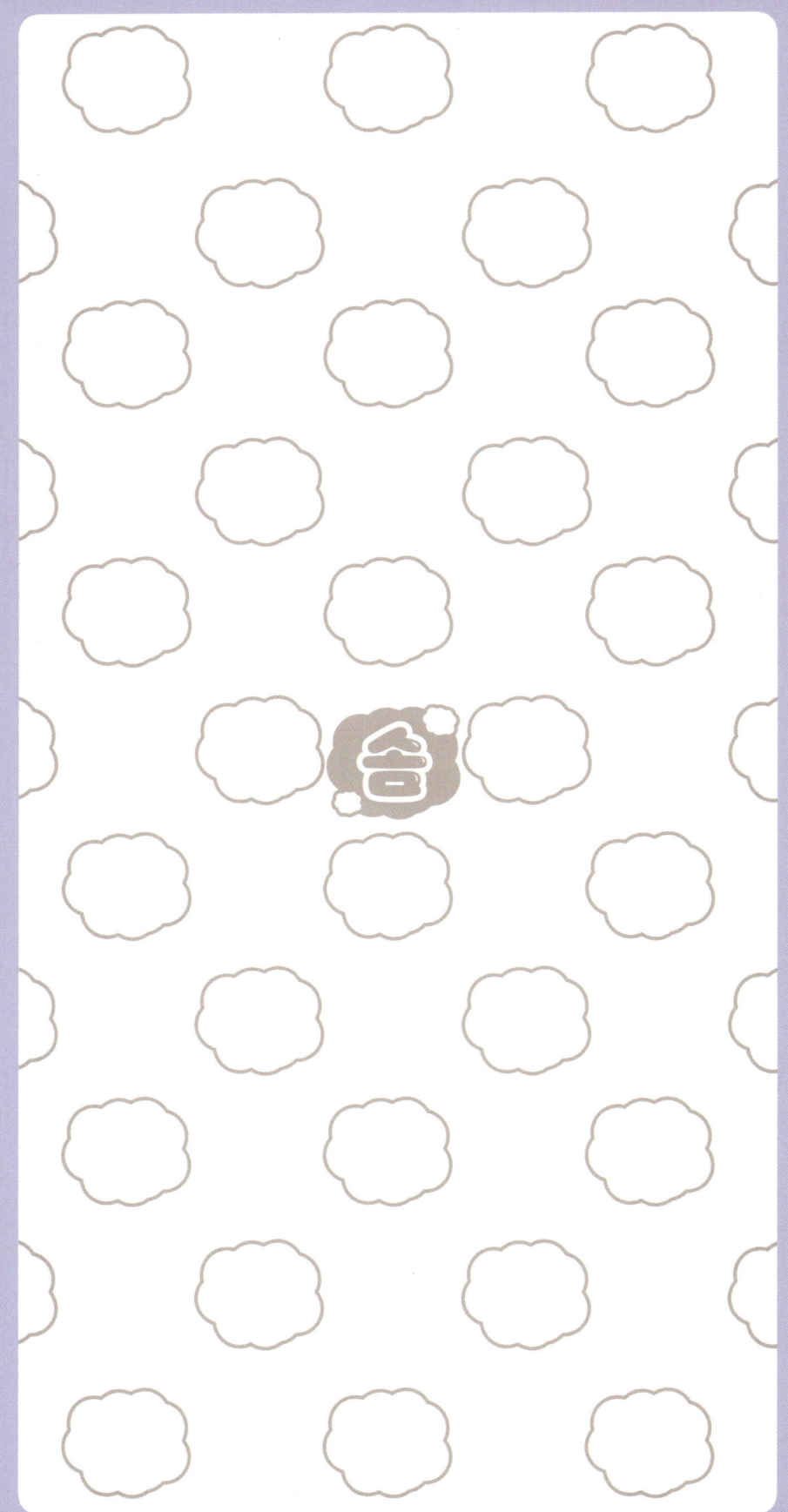

[부자 되는 몽실이 지갑 ①]

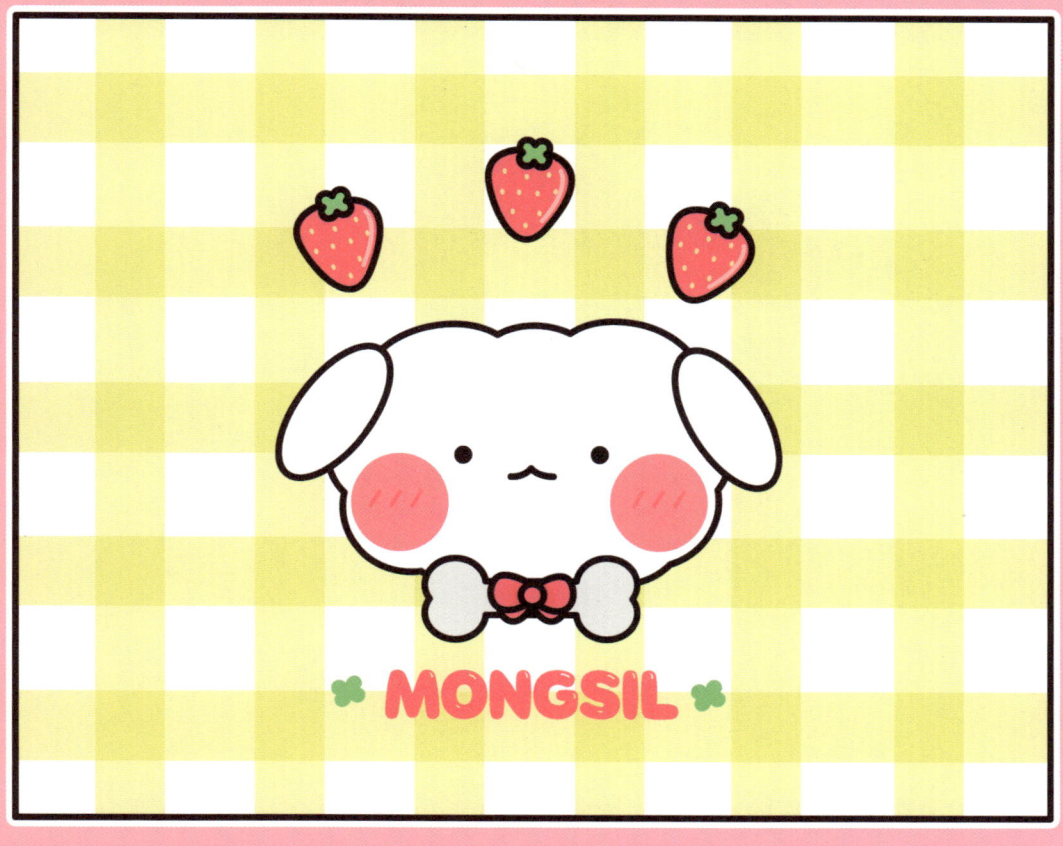

[부자 되는 몽실이 지갑 ②]

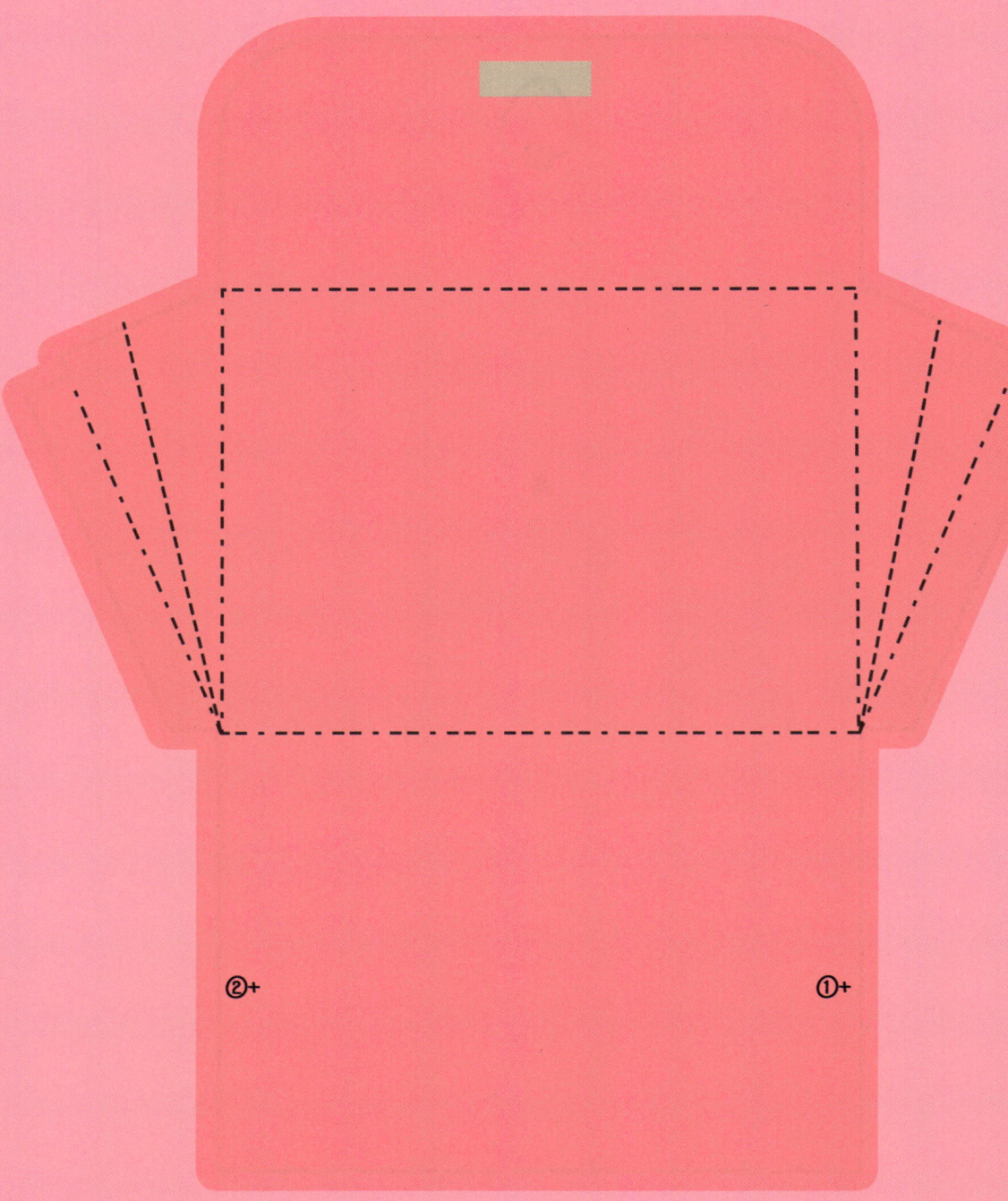

[부자 되는 몽실이 지갑 ③]

[부자 되는 몽실이 지갑 ④]

[뽕뽕! 토토 게임기 ①]

[뽕뽕! 토토 게임기 ②]

[뽕뽕! 토토 게임기 ③]

콜피 / 단면

[뽕뽕! 토토 게임기 ④]

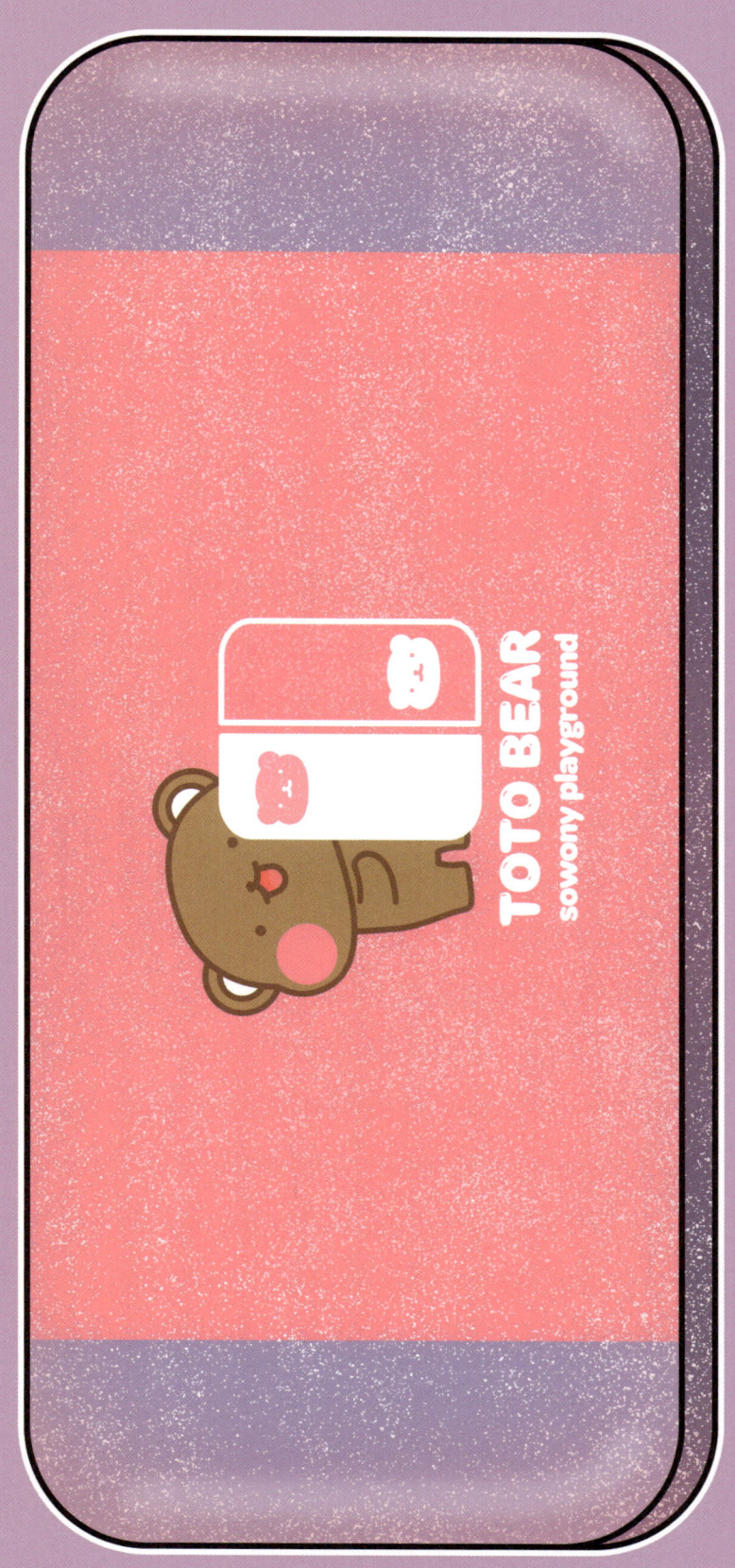

[뽕뽕! 토토 게임기 ⑤]

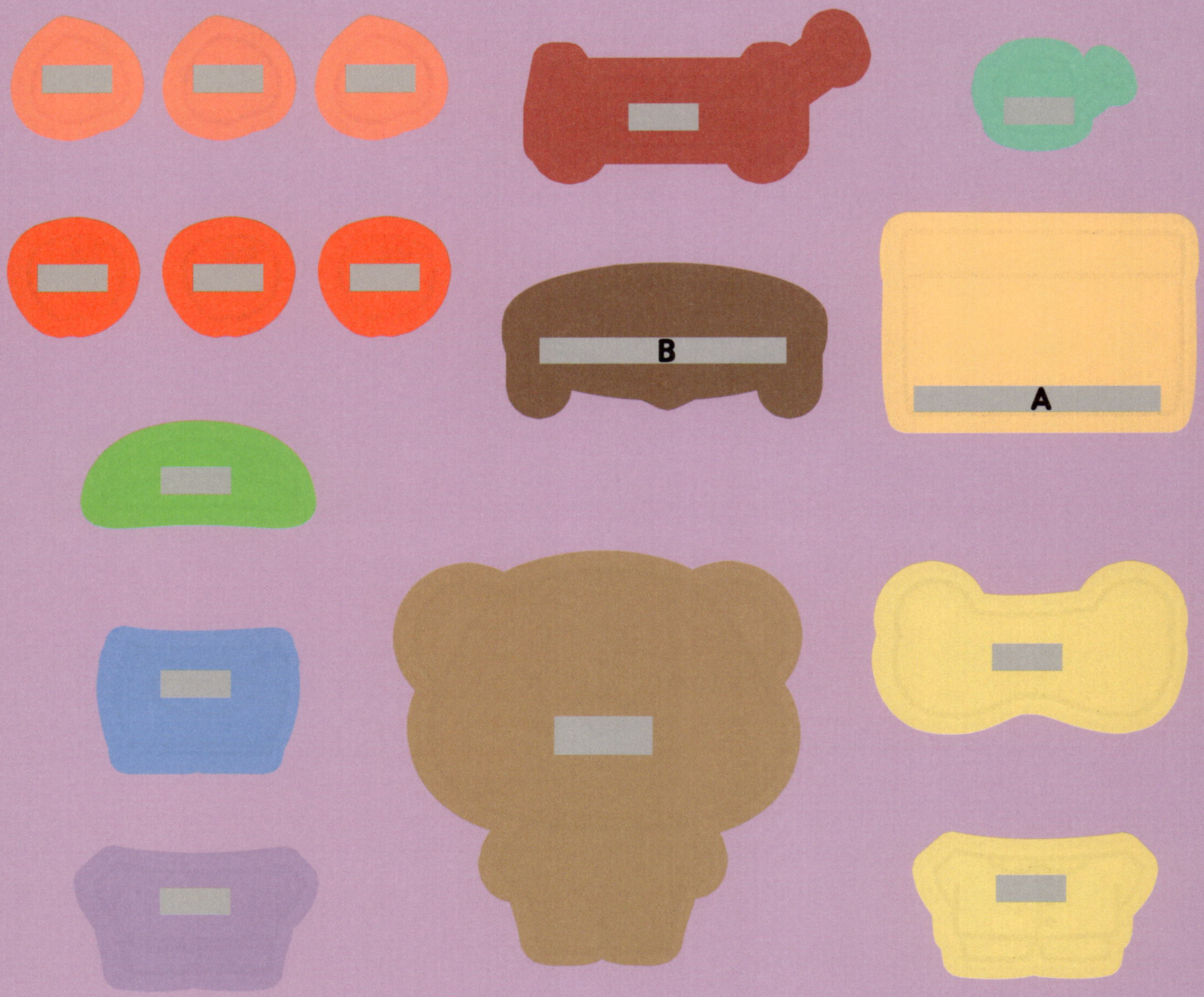
B
A

[냠냠, 정성 가득 도시락 ①]

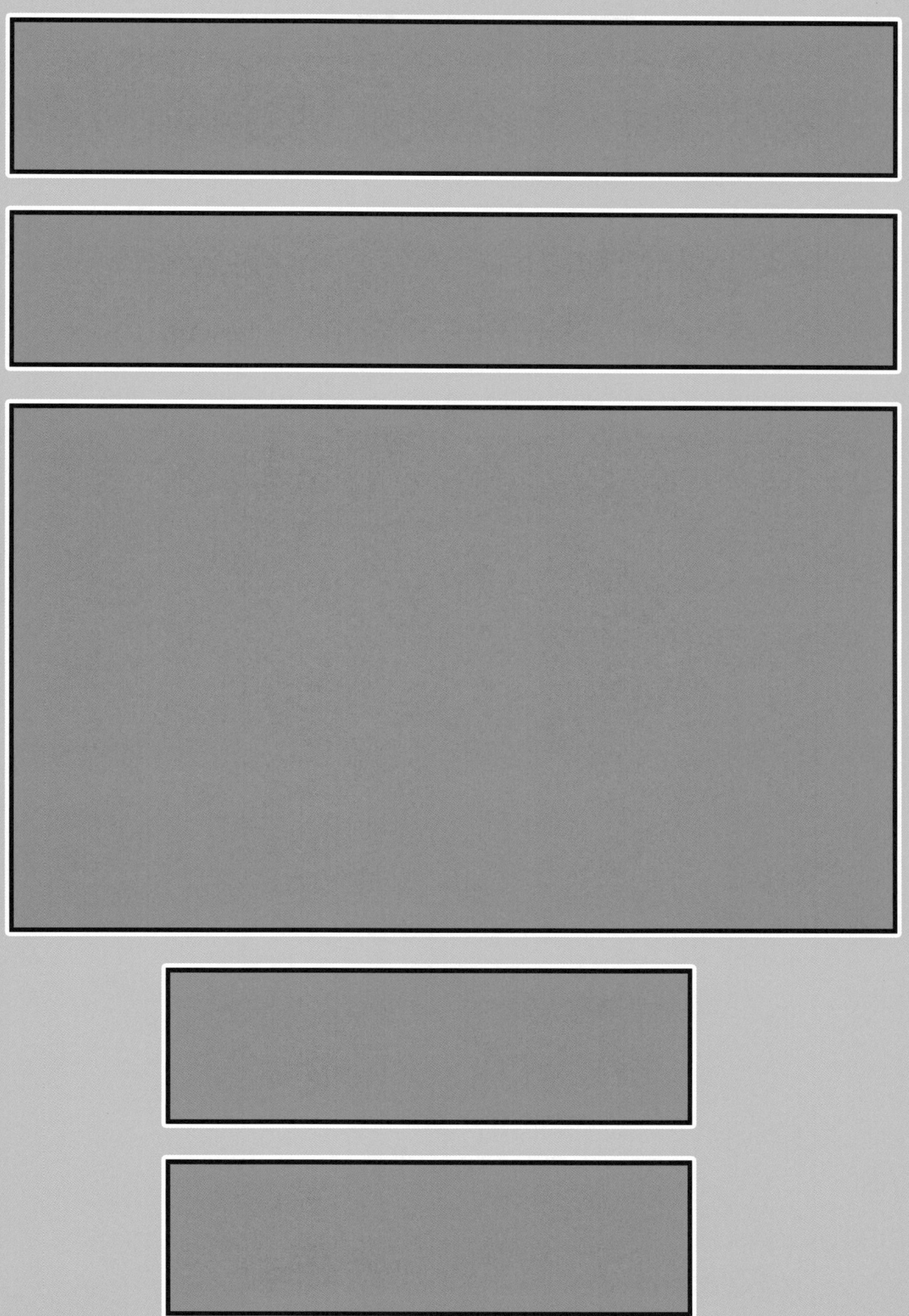

[냠냠, 정성 가득 도시락 ③]

[냠냠, 정성 가득 도시락 ④]

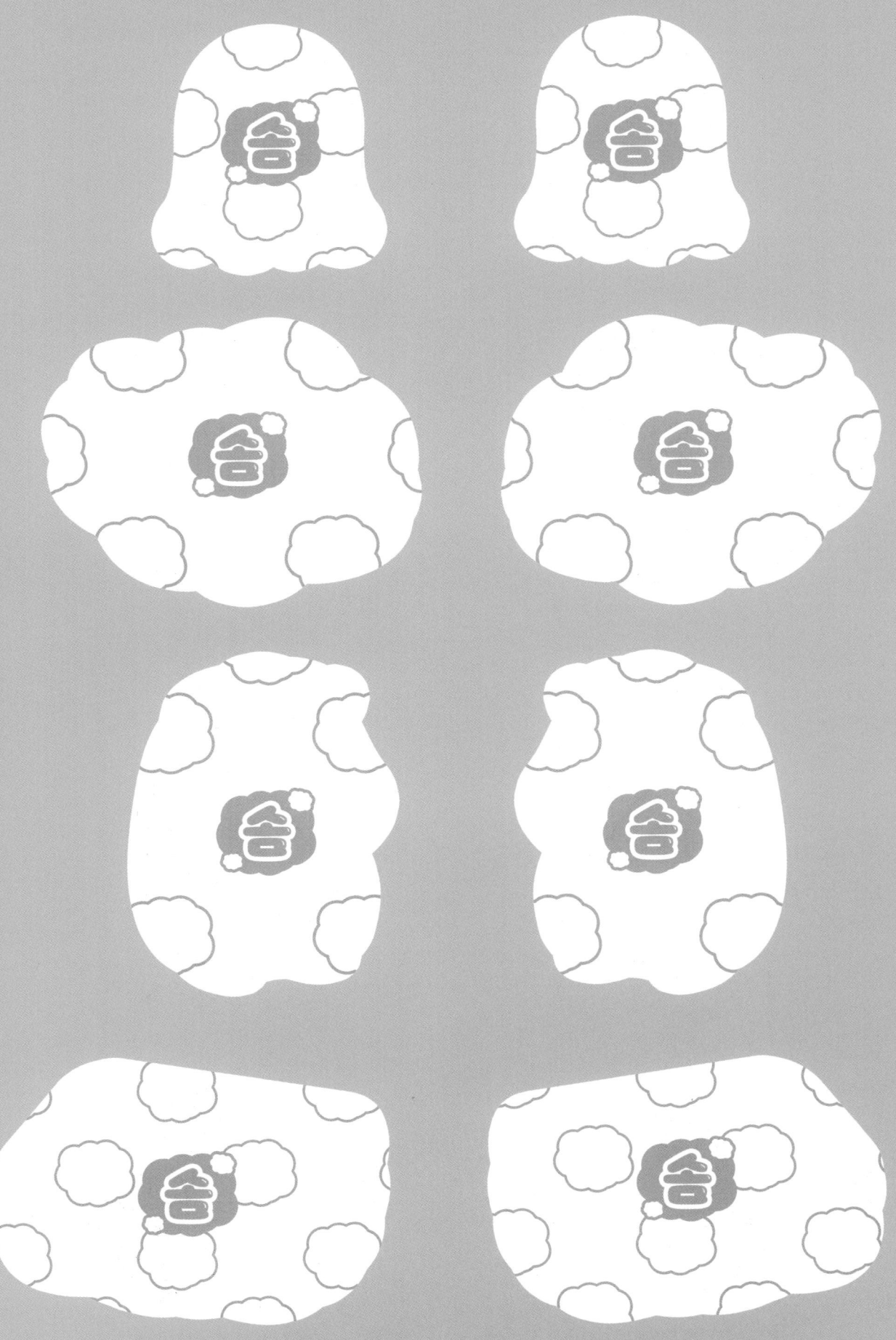

[냠냠, 정성 가득 도시락 ⑤]

[소워니, 시워니의 달콤한 베리 ①]

[소워니, 시워니의 달콤한 베리 ②]

코팅지 / 양면

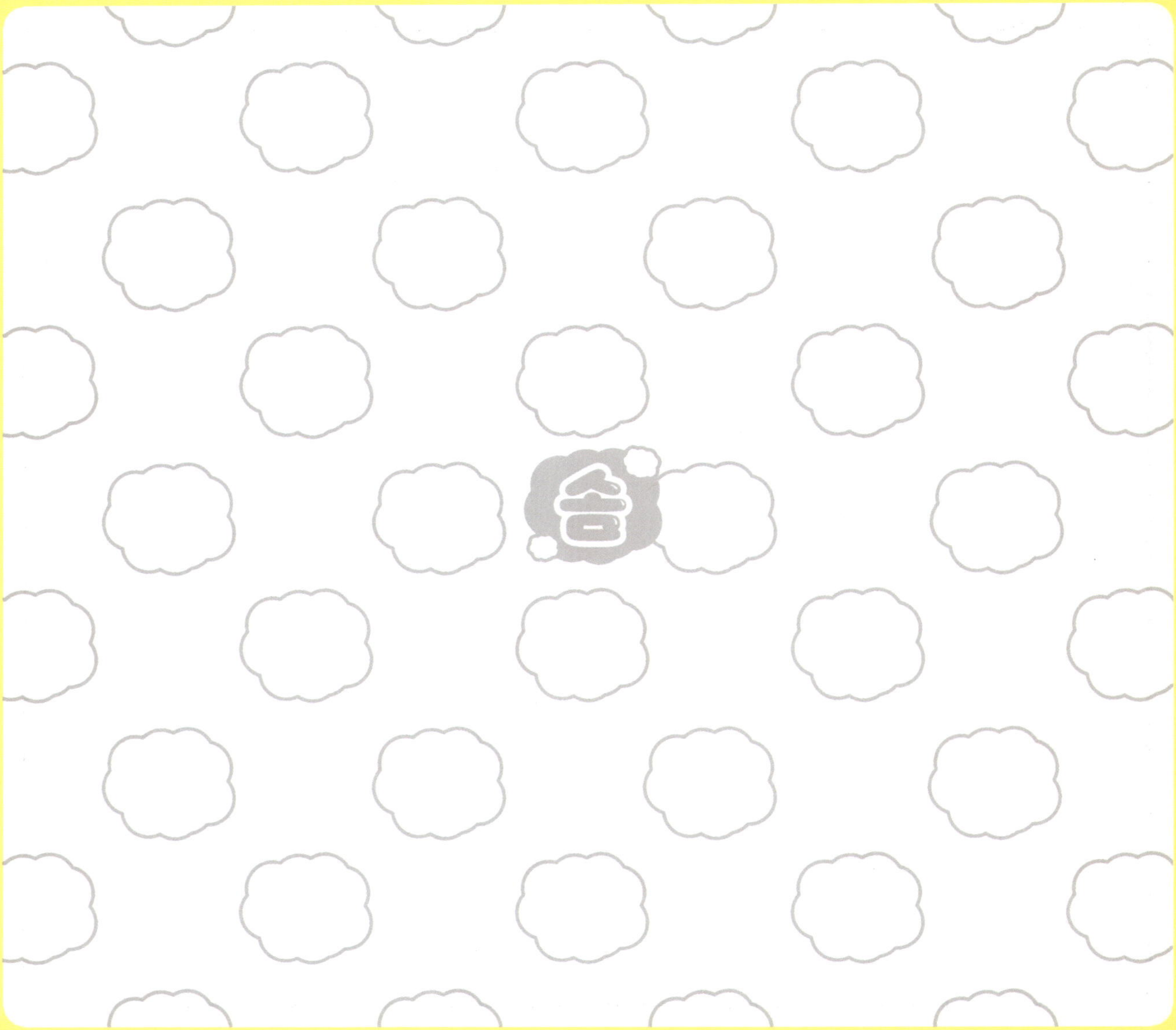

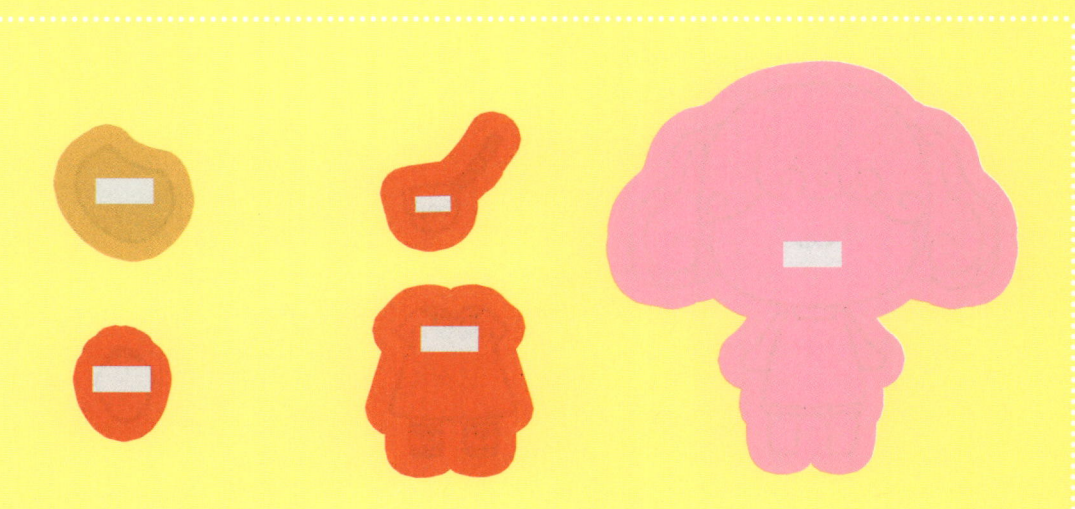

[소워니, 시워니의 달콤한 베리 ③]

코팅지 / 양면

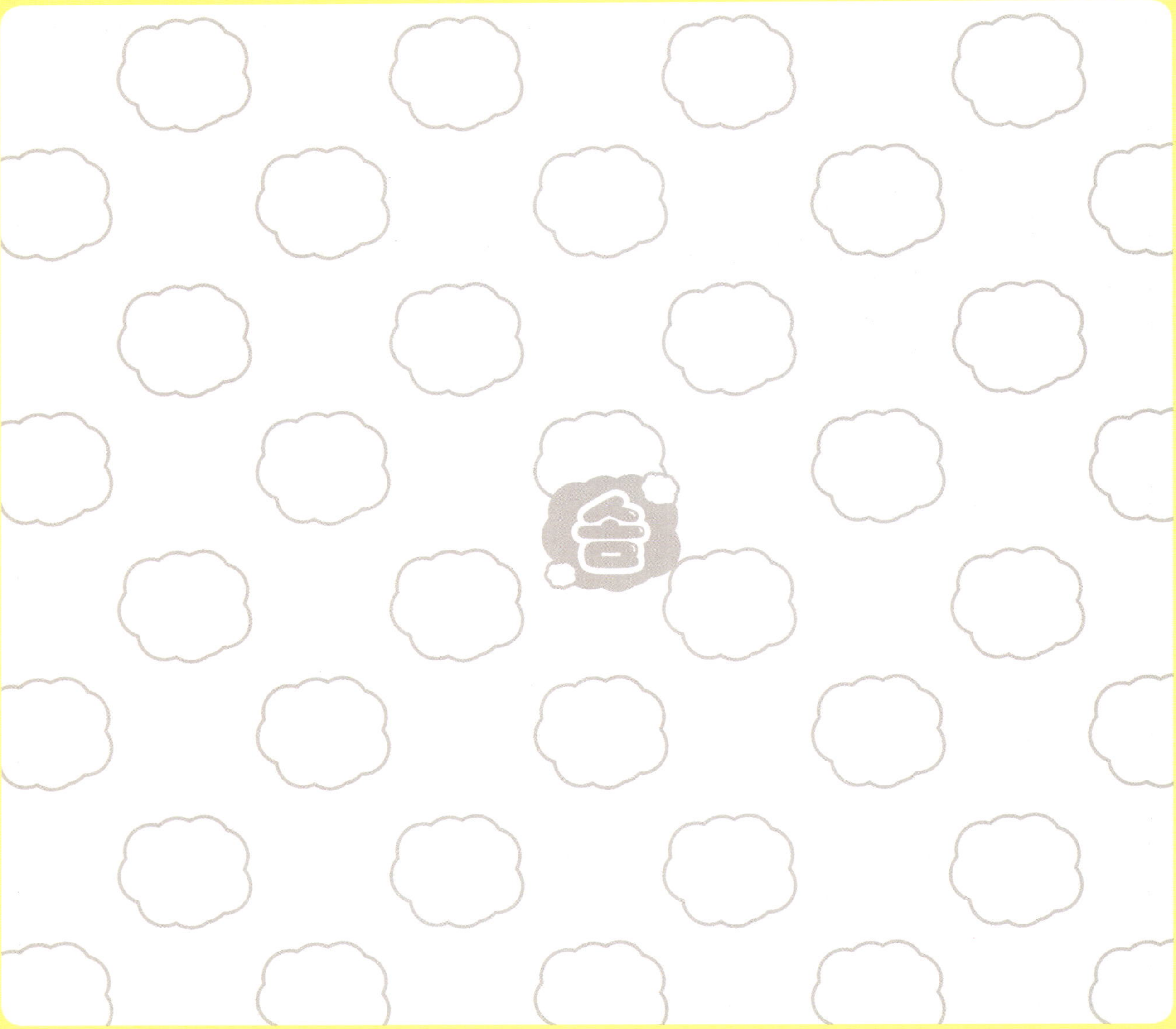

[소워니, 시워니의 달콤한 베리 ④]

코팅지 / 단면

코팅지 / 양면

[소워니, 시워니의 달콤한 베리 ⑤]

[소워니, 시워니의 달콤한 베리 ⑥]

[소워니, 시워니의 달콤한 베리 ⑦]

[소워니, 시워니의 달콤한 베리 ⑧]

[아기자기 인형 가게 ①]

[아기자기 인형 가게 ②]

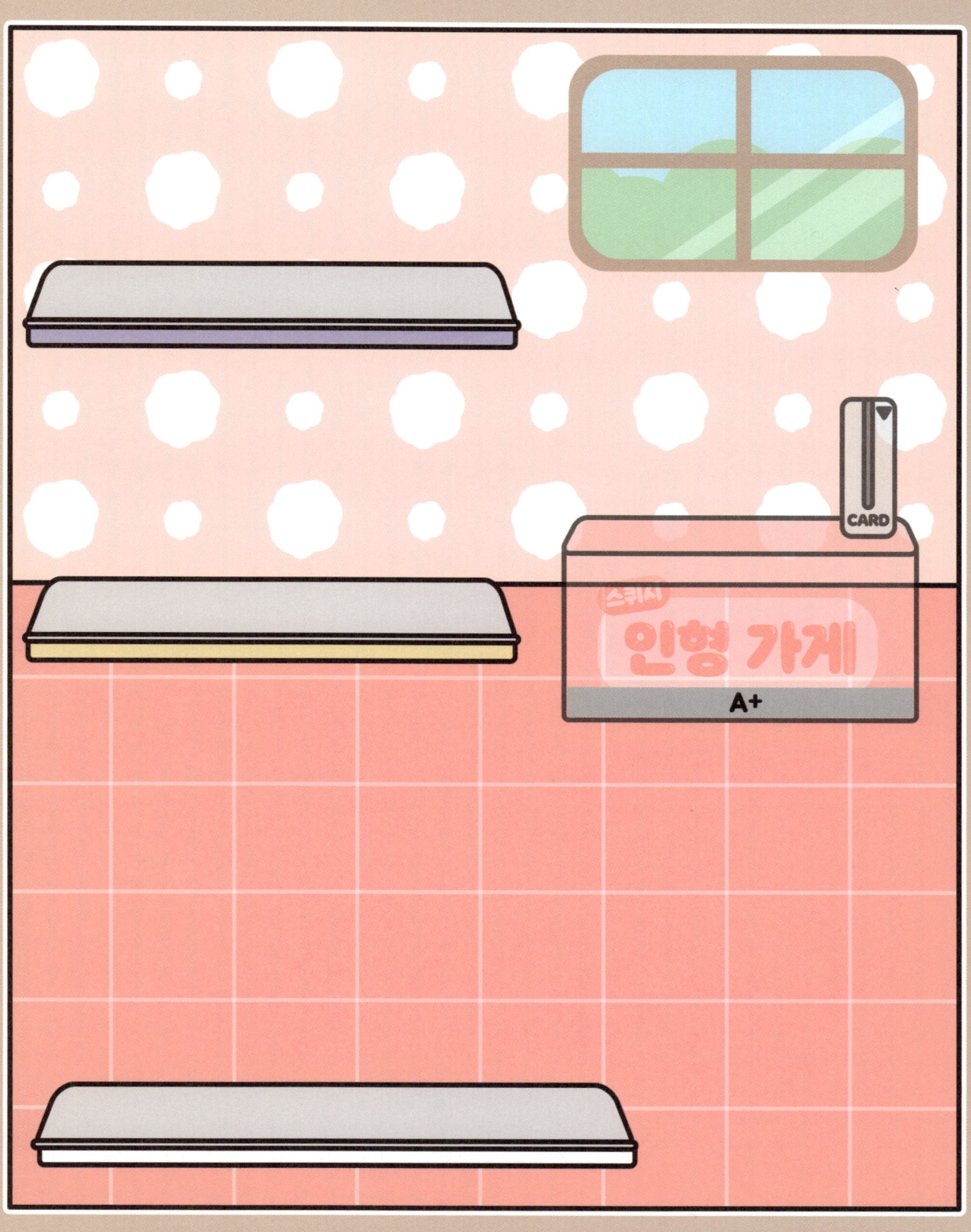

[아기자기 인형 가게 ③]

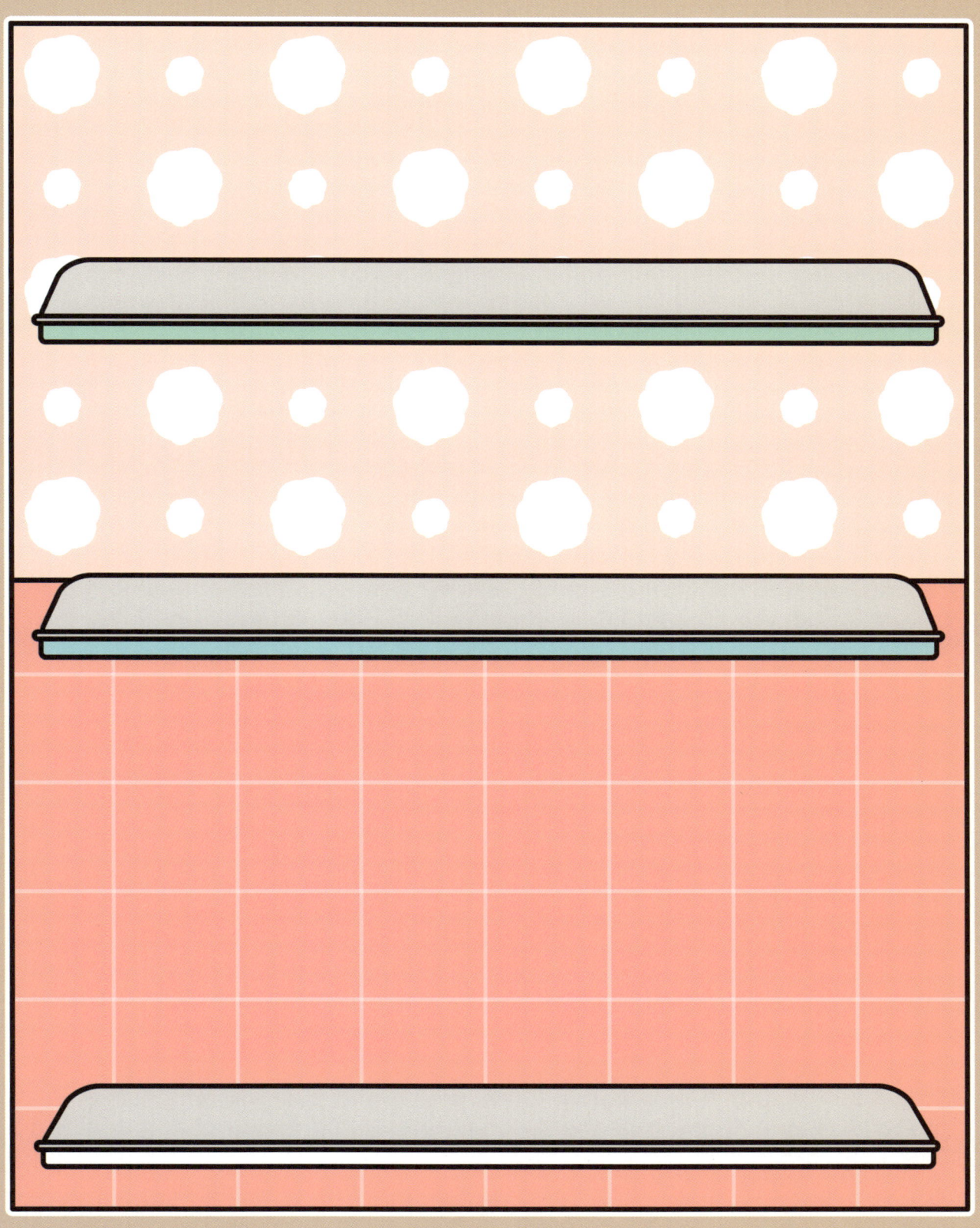

[아기자기 인형 가게 ⑤]

[아기자기 인형 가게 ⑦]

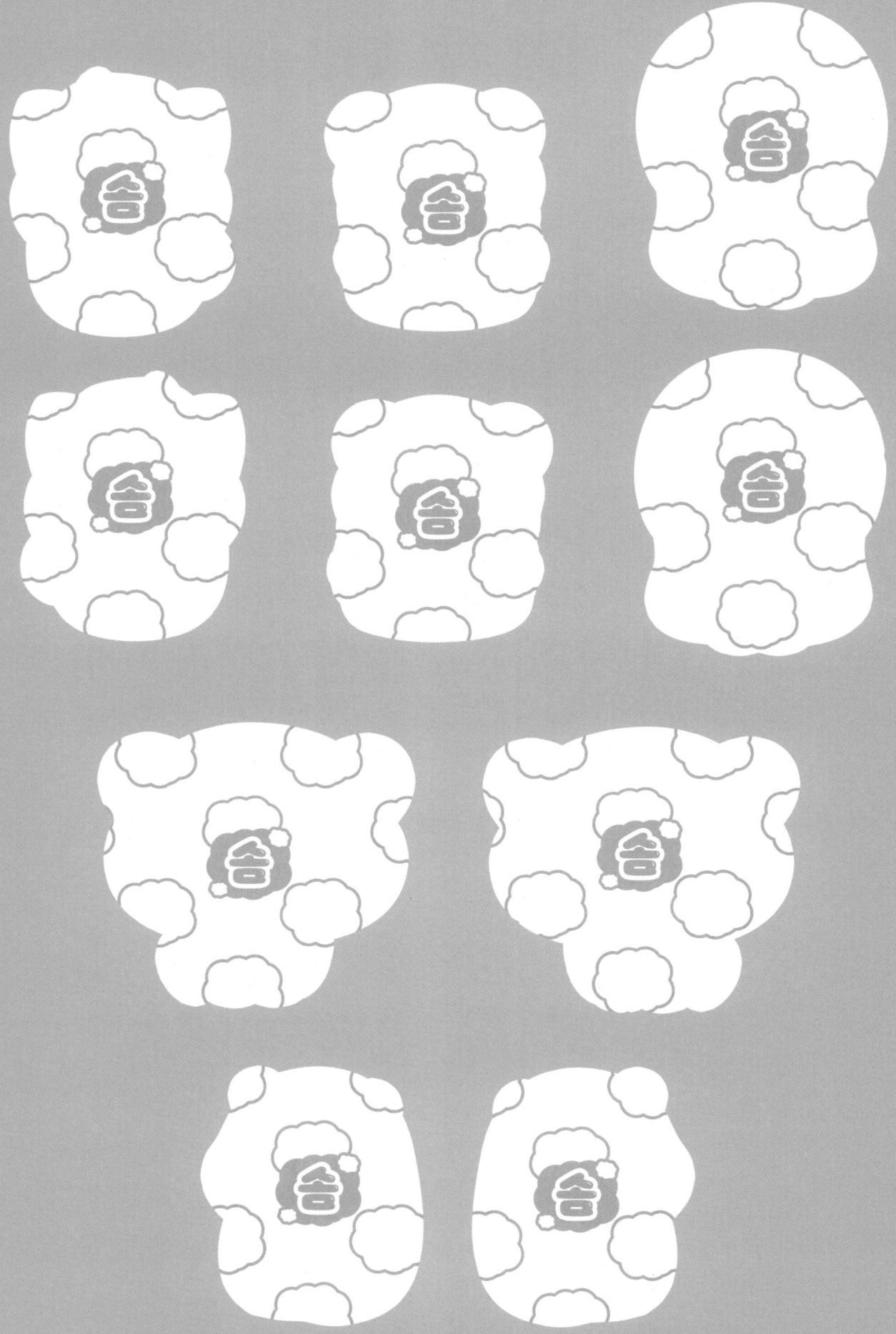

[아기자기 인형 가게 ⑧]

[토토의 헬로마트 ①]

[토토의 헬로마트 ②]

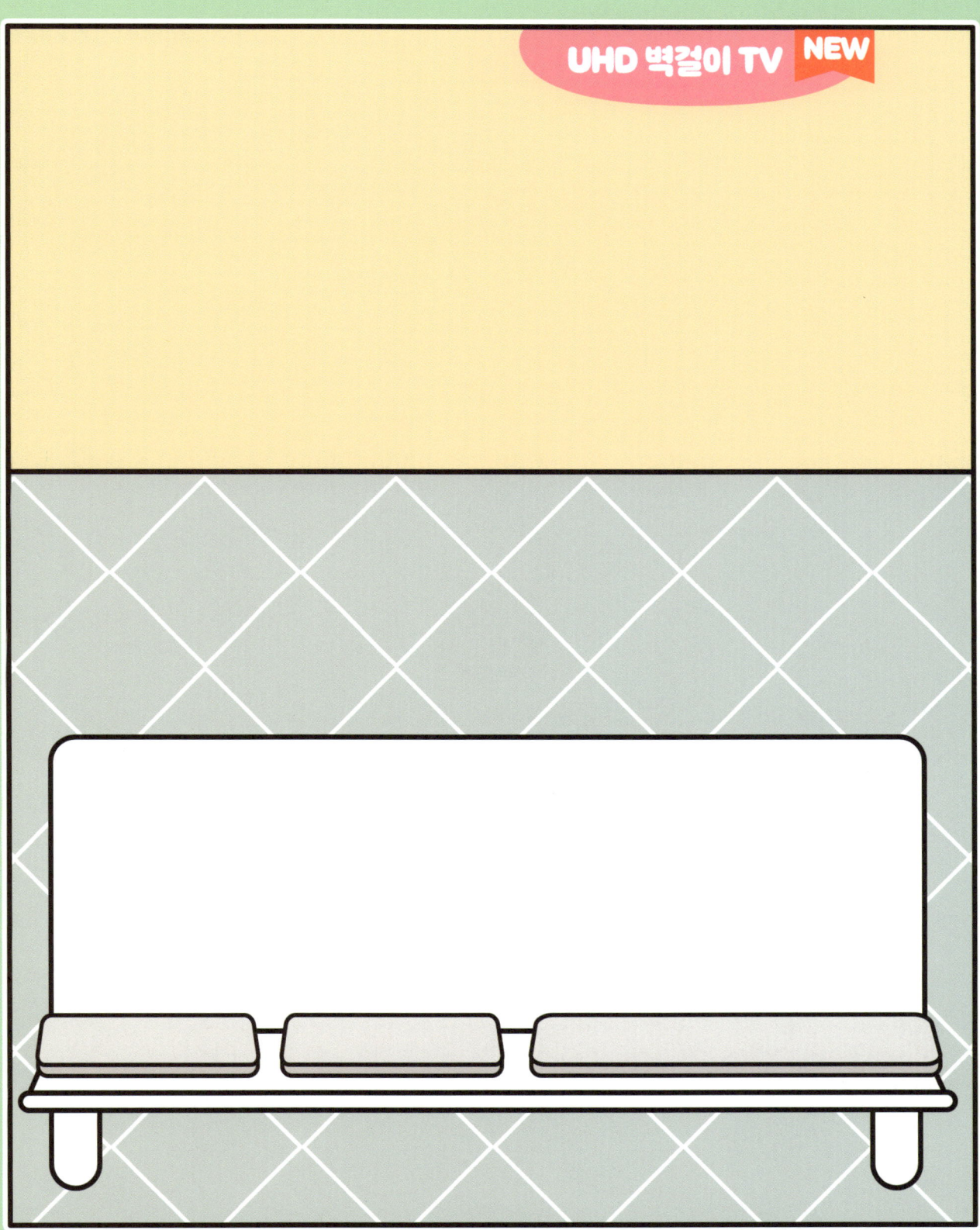

[토토의 헬로마트 ④]

[토토의 헬로마트 ⑤]

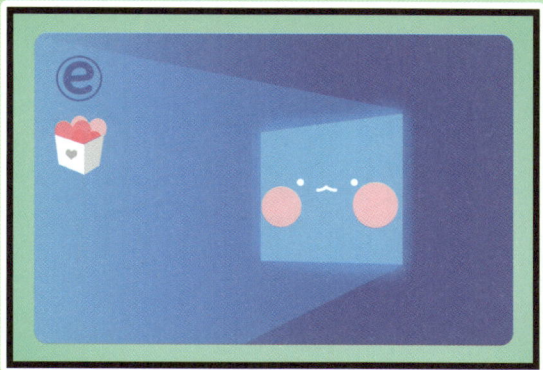

[토토의 헬로마트 ⑥]

[토토의 헬로마트 ⑦]

투명테이프 / 단면

투명테이프 / 양면

[토토의 헬로마트 ⑧]